기후테크 코리아

: 대한민국 혁신을 이끄는 솔루션

한국환경경영학회

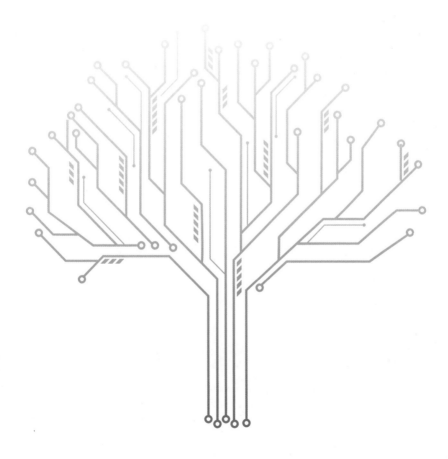

박영사

기후테크 코리아

: 대한민국 혁신을 이끄는 솔루션

발간사

기후테크 코리아의 여정에 동참하며

기후변화는 인류가 직면한 가장 큰 도전 중 하나입니다. 우리는 이 도전에 맞서 신속하고 강력하게 대응해야 하지만, 한편으로 이러한 도전은 새로운 기회를 제공하고 있습니다. 지속가능한 미래를 만들어가는 데에는 기술 혁신이 핵심이며, 혁신적인 기술과 협력을 통해 기후 문제에 도전하고 해결책을 제시하는 선도적인 역할의 중심에 대한민국이 있습니다.

기후변화의 심각성은 매년 증가하고 있으며, 극한 기후 현상과 생태계의 불균형은 전 세계적으로 영향을 미치고 있습니다. 따라서 기후변화 대응은 더 이상 미룰 수 없는 과제가 되었으며, 모든 사회 구성원이 협력해야 할 필요가 있습니다. 기후변화는 단순히 환경의 문제가 아니라 경제적 안정과 인류의 생존과도 깊이 연결된 문제입니다.

이 책은 대한민국이 기후변화에 대응하고 지속가능한 발전을 이루기 위해 펼쳐온 다양한 노력과 성과를 탐구합니다. 한국은 국제 사회와 협력하며 기후 문제 해결을 위해 다양한 기술적 솔루션을 주도해 왔고, 성공적인 사례들을 폭넓게 소개하고 있습니다. 한국은 단순히 기술 개발에 그치지 않고, 국제적 협력과 외교를 통해 기후 문제 해결에 기여하며 기후 리더십을 발휘하고 있습니다. 이러한 노력은 국제 사회에 새로운 가능성을 제시하고 있습니다.

대한민국은 2050년까지 탄소중립을 달성하기 위해 다각적인 노력을 기울이고 있습니다. 이를 위해 2030년까지 탄소 배출량을 40% 줄이는 목표를 세우고 있으며, 경제적 이해관계와 정치적 장애물, 기술적 장벽 등 여러 어려움을 극복하려고 합니다. 한국은 주요 국제기구와의 협력, 기후협약 이행, 글로벌 리더들과의 소통을 통해 기후변화 대응에 앞장서고 있습니다.

기후테크 분야에서 활동하는 스타트업과 기업들은 기후변화 대응의 최전선에 서 있습니다. 이들 기업은 혁신적인 기술과 비즈니스 모델을 개발하여 기후 문제 해결에 기여하고, 지속가능한 경제 구조를 구축하기 위해 노력하고 있습니다. 2021년 기준 한국에는 약 26만 개의 기후테크 스타트업이 활동 중이며, 그 중 많은 기업이 국제 시장에서도 성과를 내고 있습니다. 이들은 자금 조달의 어려움, 기술 상용화의 장벽, 시장 진입의 높은 장벽 등 다양한 도전에 직면해 있지만, 끊임없는 혁신과 도전 정신을 통해 이를 극복하고 있습니다. 이러한 노력은 한국 경제의 경쟁력을 높이고, 글로벌 무대에서 중요한 자산으로 자리잡는 데 큰 역할을 하고 있습니다. 스타트업들의 도전과 성공 사례는 대한민국이 기후변화에 어떻게 대응하고 있는지를 잘 보여주며, 글로벌 파트너십을 통해 기후 솔루션을 전 세계에 제공하고 있습니다.

기후변화 대응의 또 다른 핵심 전략은 순환경제로의 전환입니다. 순환경제는 자원을 효율적으로 사용하고 재활용을 통해 자원 낭비를 줄이며, 탄소 배출을 줄이는 것을 목표로 합니다. 대한민국은 이러한 순환경제 체제로의 전환을 위해 다양한 기술과 정책을 도입하고 있으며, 지속가능한 경제 모델을 구축하고자 노력하고 있습니다. 현재 한국의 자원 재활용률은 약 86%로, 세계 평균인 60%를 훨씬 상회하고 있습니다. 자원 재활용과 탄소 배출 감소를 통해 중요한 성과를 이루고 있으며, 정부의 정책적 지원과 민간 부문의 혁신이 결합해 순환경제 사회로의 전환을 가속화하고 있습니다. 이러한 노력은 기후변화 대응의 모범 사례로 자리 잡고 있습니다.

기후변화의 영향을 줄이기 위해 재생에너지와 농업의 기후 적응 전략도 매우 중요합니다. 대한민국은 청정 에너지의 생산과 확산을 위해 정책적, 기술적 지원을 강화하고 있으며, 재생 가능 에너지원의 비중을 2030년까지 30%로 확대하는 목표를 가지고 있습니다. 이러한 전환 과정에서 경제적 비용과 기존 에너지 산업의 저항 같은 현실적인 문제들이 존재하지만, 대한민국의 혁신적인 노력은 기후 적응력을 높이고 지속가능한 발전을 이루는 데 기여하고 있습니다. 특히 농업 부문에서의 기후 적응은 식량 안보와도 밀접하게 연결된 중요한 요소입니다. 한국은 농업과 에너지를 융합해 영농형 태양광 같은 새로운 방식을 도입하고 있으며, 이를 통해 농업 부문에서도 탄소 배출을 줄이고 생산성을 높이고자 합니다. 이러한 전략은 기후변화 시대에 식량 안보와 지속가능한 발전을 동시에 달성하기 위한 중요한 모델이 되고 있습니다.

이 책에서는 기후테크의 최전선에서 활약하고 있는 전문가들이 그들의 경험과 통찰을 공유합니다. 각 전문가들은 자신들의 연구와 현장 경험을 바탕으로 기후변화 대응의 다양한 측면을 심도 있게 논의하며, 독자들이 기후 기술의 현재와 미래를 명확히 이해할 수 있도록 돕고자 합니다. 이들은 국제적 협력, 기업의 혁신, 순환경제, 재생에너지 등 다양한 주제를 다루며, 이러한 주제들이 서로 어떻게 연결되어 기후 문제 해결에 기여하는지를 설명합니다. 이를 통해 독자들은 기후변화 대응이 국가, 기업, 그리고 각 개인에게 어떤 의미를 가지는지, 그리고 그 역할이 어떻게 변화할 수 있는지를 이해할 수 있습니다.

기후변화는 한 국가의 노력만으로는 해결할 수 없는 전 지구적 문제입니다. 이는 우리가 모두 공유하는 문제이며, 함께 노력해야만 해결할 수 있는 과제입니다. 기후변화의 도전에 대응하기 위해 우리는 공동의 목표를 설정하고 협력하며, 지식과 자원을 공유해야 합니다. 대한민국의 혁신적인 기후테크 여정은 이러한 협력의 중요한 사례이며, 세계가 나아가야 할 방향을 제시하는 모델이 될 것입니다. 이 책은 단순히 기술적 성과에 관한 이야기가 아니라, 더 나은 미래를 위한 약속과 다짐을 담고 있습니다.

대한민국의 기후변화 대응 경험이 여러분에게 영감을 주기를 바랍니다. 우리가 직면한 도전은 크지만, 기술과 협력을 통해 이 도전을 극복할 수 있습니다. 이 책을 통해 대한민국이 이룩한 기후테크 성과와 그로 인해 만들어진 변화를 경험하시길 바랍니다. 나아가, 기후 문제를 해결하기 위한 여러분 자신의 여정을 시작하는 데 실질적인 통찰과 동기를 얻으시기를 바랍니다.

기후를 위한 도전과 혁신의 길에서 대한민국이 걸어온 발자취는 전 세계 모든 이들에게 중요한 교훈과 영감을 제공합니다. 이 책은 기술 혁신의 이야기를 넘어, 우리의 미래를 위한 약속이자 지속가능한 삶을 향한 첫걸음입니다. 이 책이 여러분에게 기후변화 대응의 여정에서 함께할 용기와 비전을 주기를 기대합니다.

끝으로, 발간에 동참해 주신 모든 저자분들께 감사드리며, 특히 전체 책 구성과 편집을 총괄해 주신 국가녹색기술연구소 송재령 박사님께 깊은 감사의 뜻을 표합니다.

한국환경경영학회 회장 황용우

차례

〈기후테크 코리아: 대한민국 혁신을 이끄는 솔루션〉은 대한민국이 기후변화 대응의 최전선에서 쌓아온 생생한 경험과 암묵지를 글로 담은 책입니다. 산학연관의 최고 전문가 24인이 직접 참여해 현장의 구체적인 사례와 깊이 있는 통찰을 제공합니다. 이 책은 국제 협력, 기업 혁신, 순환경제, 재생에너지 및 기후농업 기술까지 폭넓은 주제를 다루며, 독자들에게 지속가능한 미래를 설계하는 데 필요한 실질적 지혜와 영감을 제공합니다.

• 2장   기업과 스타트업의 기후테크 전략 •

• 3장   순환경제와 자원화 기술 •

• 4장   국가전략기술과 미래농업기술 •

1장

대한민국이 글로벌 기후 리더십을 목표로 하기 위해서는 외교적 접근, 전략적 커뮤니케이션, 국제 공동연구를 포함한 다층적 협력이 필수적입니다. 이 장에서는 주요국의 탄소중립 정책과 R&D 동향을 분석하고, 기후변화 대응을 위한 전략적 소통과 국제협력 방안을 제시합니다. 또한, IPCC AR6 기반 미래 탄소배출량 추정 및 융합연구의 중요성을 통해 과학기술 공공외교의 새로운 지평을 엽니다.

기후변화와
국제협력 전략

기후변화와 외교: 국제협력의 새로운 장

이동규 주라트비아 한국대사

 ## 우리의 삶을 규정하는 새로운 '힘'

국제적으로 2021년 바이든 행정부의 출범 이후 기후변화 대응을 위한 파리협정으로의 복귀와 강력한 기후변화 대응 정책들이 IRA법 등 미국의 경쟁력 강화 조치들과 결부되어 국제경제에 많은 영향을 미치고 있다. 이제 다시 트럼프 행정부 2기가 들어서면서 기후변화 대응 정책의 후퇴를 공언하고 있지만 일론 머스크 테슬라 회장이 트럼프 대통령의 당선과 행정부에 큰 영향을 주고 있는만큼 기후변화를 대응하기 위한 기술혁신이 정치와 시장을 지배하고 있다는 반증이기도 하다. 이제 기후변화는 세계질서와 국제경제를 규정하는 '힘'으로 작용하고 있다.

이미 많은 과학자들이 온실가스 배출의 가속화를 우려하고 있고, 빈번하고 강력해진 자연재해를 고려한다면 탄소포집저장(CCS) 기술을 포함한 모든 과학 기술 혁신이 매우 중요한 과제이다. 기후변화는 혁신을 주도하고 있다. 테슬라의 성공과 같은 전기자동차의 확산에서 보는 것처럼 기후변화 대응을 위한 신기술이 시장을 선도하고 있다. 다행인 것은 우리기업들이 2차 전지, 반도체 등 기후변화대응을 위한 시장 변화를 선도하거나 발빠르게 따라가고 있다.

국가	한국	대만	중국	일본	기타
점유율	25%	22%	22%	13%	18%

불과 몇 년 전에 우리 기업들이 국내 온실 가스감축의 경제적 비용을 주장하며 기후변화 대응에 미온적이었던 것을 생각한다면 정말 획기적인 변화이며, 국제 경제 패러다임의 변화가 그만큼 기업인들의 태도 변화를 초래하고 있다는 구체적인 증거이다. 또한 가수, 연예인 등 유명인들로 기후변화의 관점에서 행동하기를 기대 받고 평가를 받는다.

> ### '탄소배출 1위' 테일러 스위프트, 연인 보러 '탄소 최악' 전용기 띄워
>
> 슈퍼볼 관람 위해 8900㎞ 이동하며 90t 배출 "지난해 1인 연간 평균 배출량 1000배 넘어" 에이피(AP) 통신은 스위프트가 일본 시각으로 10일 밤 공연을 끝낸 뒤 전용기에 올라 약 8900㎞를 이동해 라스베이거스에 도착했다고 전했다. 그는 다행히 시간에 맞춰 도착해 가족, 친구들과 함께 켈시의 경기를 관람했다… 스위프트에게 탄소 배출 논란이 꾸준히 제기되는 이유는 그가 2022년 기준 탄소를 가장 많이 배출한 유명인 1위로 지목됐기 때문이다. (2024.2, 한겨레)

유명인뿐만 아니라 우리 모두 날마다의 생활에서 기후변화 대응을 위한 선택을 마주하고 있다. 집, 차량 등 큰 돈과 중요한 결정이 필요한 선택에서 친환경 에너지 절약, 배기가스 배출 등을 당연히 고려하고 외출시 자가용을 탈 것인지, 아니면 대중 교통을 활용할 것인지 등의 소소한 선택에도 기후변화와 환경을 고려하는 시대에 살고 있다. 유럽 여행시 비행편이나 고속철을 예약할 때마다 항공사나 철도회사는 친 환경, 기후

변화 대응을 위한 바이오 연료 등 추가적인 선택과 비용을 지불할 것인
지에 대한 추가적인 문의를 한다. 이처럼 이제 기후변화, 환경, 지속가능
발전 문제는 정부, 기업, 개인의 삶을 규정하는 힘으로 작용하고 있다.

기후변화와 과학 기술

　기후변화 대응은 온실가스 감축을 통해 인류와 지구생물에 미치는
기후변화를 완화한다는 대의 명분이 크지만 그 이면에는 '녹색성장',
'Green Deal'로 상징되는 경제발전의 새로운 패러다임 즉 기후변화에 대
응하면서도 경제적 성장을 이끌어 나갈 수 있는 혁신적인 기술의 시장
지배 문제가 있다. R&D를 주도하고 있는 선진국들은 기후변화 대응을
새로운 시장 개발과 기회로 본다. 다만 개도국들은 이러한 혁신적인 기
술과 파리기후협정과 같은 국제적인 규제가 선진-개도국간 경제발전의
간극을 영속화하고 개도국의 발전을 저해할 수 있다는 우려가 크다. 대
부분의 혁신적인 기술의 지재권이 선진국 기업이나 연구소에 속해 있다
는 것을 보면 충분히 이해가 간다.

　이러한 우려를 완화하기 위한 개도국에 대한 기술 이전 문제는 기후
변화 협상의 초기 단계부터 중요한 어젠다로 논의되어 왔다. 기후변화
대응이 인류 모두가 직면한 도전이며, 특히 경제개발을 위해 온실가스를
주로 배출하면서 혜택을 누린 국가와 도서국을 포함한 기후변화로 인해
먼저 피해를 입는 국가가 다르다는 점, 그리고 개도국의 경제개발이 지
속적으로 이루어져야 된다는 점에서 기술이전 문제는 온실가스의 감축
촉진이라는 효율성 측면뿐만 아니라 윤리적 측면도 결부되어 있다.

　중요한 쟁점은 개도국은 선진국이 개발한 기후변화 대응 기술을 무
료 또는 유리한 조건으로 개도국에 이전하기를 희망하고 있으나, 선진국

은 민간회사들이 상업적 목적으로 개발한 기술을 정부가 이전을 강제할 수 없으며, 이러한 정부의 간섭이 민간의 혁신을 저해할 수 있다는 측면에서 반대하고 있다. 다만 기술개발과 이전을 촉진하기 위한 조건을 개발하고 이전을 용이하게 하기 위한 논의와 촉진을 위해 기술 메커니즘의 설립과 지원을 수용하였다.

 ## 기후변화 파리협정과 과학기술 논의

파리협정의 내용과 체계를 살펴보면 선진-개도국간 기후변화 대응과 이행을 위한 절묘한 타협 논리를 이해할 수 있다. 우선 파리협정의 가장 큰 쟁점은 온실가스감축을 위한 모든 국가의 참여(선진국), 기후변화로 고통을 겪는 개도국에 대한 지원(개도국)이라는 2개의 핵심요소에 대한 균형을 찾는 것이었다.

무엇보다 온실가스 감축의 참여범위(제3조)에서 "기후변화에 전지구적으로 대응하기 위한 국가결정기여로써, 모든 당사자는 제2조에 규정된 이 협정의 목적을 달성하기 위하여 제4조, 제7조, 제9조, 제10조, 제11조 및 제13조에 규정된 바와 같이 의욕적인 노력을 수행하고 통보하여야 한다"라고 규정하여 이제 선진국뿐만 아니라 모든 당사자가 감축 목표(NDC)를 설정하고 이를 이행해야 한다는 점을 분명히 하였다.

개도국들은 감축목표가 의무적 느낌을 주지 않도록 '국가결정기여(Nationally Determined Contribution)'라는 단어를 사용하였으나 다른 당사국들의 '동료검증(peer review)'을 받아야 한다는 점에서 실질적으로 이행에 대한 의무감을 배제하기 어렵다. 기술, 기술이전, 혁신(제10조)에 관한 규정을 보면 협정 10조 1, 2항은 온실 가스 감축과 적응에 있어서 기술의 중요성을 강조하고 있다. 이미 파리협정 이전에 1992년 기후변화협약 제4

조 1항은 모든 국가들이 온실가스 배출을 통제·감축·제한하는 기술, 관행, 그리고 프로세스를 개발·적용·확산·이전하기 위한 노력을 증진하고 이를 위해 협력해야 할 의무가 있다고 명시하고 있다. 또한, 협약 제4조5항은 선진국들이 환경친화기술과 노하우의 이전 및 접근을 촉진·활성화하고 이에 대해 재정지원을 제공해야 하는 의무가 있다고 명시하고 있다.

기술 이전을 위한 수단

파리협정 제10조 3항에서 1992년 기후변화협약에 근거해서 설립된 기술 메커니즘(Technology Mechanism)이 파리협정 하에서도 역할을 수행하도록 규정했다. 2010년 UNFCCC 하에서, 개도국으로의 기후기술 협력을 보다 원활히 지원하는 것을 목적으로, 기술 메커니즘(The Technology Mechanism)이 설립되었다. 기술 메커니즘은 기후기술의 개발 및 이전에 대한 국제 정책과 국제협력 이행을 지원하는 조직이다. 기술 메커니즘은 정책을 담당하는 기구인 기술집행 위원회(TEC, Technology Executive Committee)와 기술개발 및 이전에 대한 이행을 지원하는 기구인 기후기술센터네트워크(CTCN, Climate Technology Center and Network)로 구성되어 있다.

기술 메커니즘과 CTCN을 통해 기술이전을 촉진할 수 있는 제도적 장치와 환경은 마련하였지만 아쉽게도 실질적으로 개도국들이 필요로 하는 구체적 기술을 이전하는 문제는 여전히 각 당사국의 재량과 민간에 달려 있으며, 기술이전에 특화된 재원이나 기금이 설치되지 않은 것도 향후 해결해야할 과제이다. 기술이전은 다양한 국제협의체에서 시도되었지만 높은 자본 비용, 개도국내 기존 화석연료 시스템과 경쟁하기 어려운 인프라, 시스템, 정책의 결여로 큰 성과를 만들어 내기 어려웠다.

우리나라의 경우 1990년대 노르웨이 등과 함께 기술이전 이슈 진전에 선도적인 역할을 했다. 특히 선진국의 특허에 기반한 민간의 기술이전을 국가가 강제할 수 없다는 선진국 입장을 반영하여 공공기술이전, 즉 정부나 공공기관이 소유한 기술에 한정하여 기술이전을 촉진하는 방안의 논의 진전을 위해 노력하였으며, 이러한 노력은 사실 추후 기술 메커니즘 설립에 기여했다고 볼 수 있다. 우리나라가 2013년 설립한 녹색기술센터(2022년 국가녹색기술연구소로 발전), 2022년 기후기술센터네트워크(CTCN) 한국사무소 개설 등은 중요한 기여로 볼 수 있다. 다만 2000년 대 이후 우리나라의 R&D 투자와 특허 보유가 가속 증대하면서 WTO 협상이나 기후변화 협상의 기술이전 논의에서 우리 입장이 점차 선진국과 유사한 입장으로 변화하고 있다.

파리협정은 온실가스 감축의 효율성을 높이기 위해 제6조 시장 메커니즘을 마련하였다. 즉 선진국 정부나 기업이 보다 체계적인 시장 메커니즘을 통해 개도국의 온실가스 저감에 참여하고 이를 통한 크레딧 획득 과정에서 기술이전을 통한 온실가스 감축이 자연스럽게 이루어질 수 있다(Brad McDonald and Scott Vaughan, IISD, 2023.11)는 아이디어는 새로운 가능성을 제시한다.

한국 과학기술정보통신부는 2022.12월 향후 10년간 각 부처의 온실가스 감축 및 기후변화 적응 R&D 정책의 방향을 설정하고 이를 체계적으로 육성하기 위한 '제1차 기후변화대응 기술개발 기본계획(2023~2032년)'을 마련하였다. 제1차 기후변화대응 기술개발 기본계획은 '과학기술혁신을 통한 기후위기 대응과 신시장 선점'이라는 비전 아래 3대 전략 15개 세부과제로 구성되어 있는데 기술이전에 대한 부분도 적지만 포함되어 있다.

사실 자본주의 시장경제 체제를 고려한다면 기술협력과 기술이전을 국제 공공재적 성격으로 규정하고 개도국에 지원하는 방안은 현실적 한계가 있다. 그러므로 개도국이 필요로 하는 적정기술에 대한 지원과 함께 파리협정의 제6조 시장 메커니즘을 통한 기술이전과 비용회수, 각 국가의 이해와 필요를 반영하는 인적 및 기관간 교류를 통한 기술이전 등 가용한 방식을 종합적으로 활용할 필요가 있다.

 ## 과학기술 외교를 통한 새로운 시도들

기후변화 레짐을 통한 국제 기술 이전이나 협력은 선진국과 개도국이 현저한 입장차이로 진전이 늦은 반면 양자 또는 소다자적인 협력은 1) 각 국가들의 필요, 2) 우주탐사, 양자 컴퓨팅, AI, 반도체, 5G, 6G 등 핵심 신흥 과학 기술이 요구하는 규모와 재원이 한 국가가 감당하기 어렵다는 측면에서 더욱 활발하게 진행되고 있다. 특히 최근 미-중간의 경쟁 격화는 과거와 달리 과학기술협력에 있어서 진영 및 안보적 고려를 더 많이 요구하고 있다.

(한-미 정상회의 준비와 후속조치를 통한 과학기술 협력 증진)

 ## 정상회담

바이든 행정부가 2021.1월 출범하면서 파리협정 복귀와 함께 "Science is back"으로 대표되는 과학기술의 중요성이 강조되었다. 우주 탐사, 양자컴퓨팅, 인공지능, 사이버 안보 등 외교분야 특히 전통적인 정상회담에서 다루지 않았던 이슈들이 정상회담의 주요 요소가 되었다. 이러한 변화는 2021년 이후 개최된 한미정상회담 과정과 결과에서 뚜렷하게 나타나고 있다.

정상회담의 준비 협상과정에서 미국은 청정에너지 분야, 차세대 배터리, 탄소포집저장(CCS), 양자기술, 인공지능(AI), 바이오 기술, 자율로봇,

민간우주탐사 등 광범위한 과학 기술 분야에서 협력의지를 보였는데 이는 미국이 기후변화 협약 체제 등 국제 다자 레짐에서 기술이전이나 협력에 소극적이었던 것과 비교된다. 이는 우리나라의 위상이 높아진 것을 반영하기도 하지만 미국 역시 중국, 러시아 등과의 경쟁에서 신뢰할 수 있는 파트너가 필요하다는 것을 반증한다. 이러한 양국의 과학 기술 협력 증진은 준비와 후속 조치에서도 잘 나타나지만, 양국의 국가적 이해가 다른 부분도 분명히 존재한다는 점에서 외교적 노력이 더 긴요하다.

구체적으로 보면 2016년 제2차 한-미 민간우주대화 개최 이후 6년간 단절되었던 민간우주대화가 2022년 한-미 정상회의 후속조치로 개최된 것을 들 수 있다. 양국의 서로 상이한 이해관계, 즉 달탐사 재개와 화성 탐사에 중점을 둔 미국과 독자적 발사체 개발에 우선순위를 부여한 한국은 협력을 진전시키는 데 있어서 다소 어려움을 겪고 있었으나 정상회담을 통해 돌파구를 마련하였다. 특히, 우주분야의 협력이 2021년 정상회의시 추상적인 파트너십 강화 수준에서 2022년 민간우주대화 재개, 2023년 상업 우주협력 협력으로 매우 구체적으로 확대·발전하고 있는 것을 보여준다.

 ## 아르테미스 협정 가입

한국은 2021.5월 세계 10번째로 '아르테미스 약정'(Artemis Accords) 참여국이 됐다. 2021년 한미 정상회담의 구체적 성과 중 하나는 한국의 아르테미스 약정 추가 참여에 대한 양국의 합의라고 할 수 있다(중앙일보, 2021.5). 아르테미스 약정 가입은 미국 중심의 서방 우주개발 프로그램에 대한 참여라는 측면에서 큰 의의가 있으며, 우주탐사를 통한 기술개발과 기술협력을 위한 플랫폼을 마련하였다는 점에서 의의가 있다. 특히 아랍에미레이트(UAE)가 우리보다 먼저 아르테미스 약정에 가입하고, 이미 2020.7월 Amal(희망)이라는 화성탐사선을 화성에 보냈다는 것은 한국의 우주탐사 및 개발이 빠르지 않다는 것을 보여준다.

2021년 한미 정상회담 이후 아르테미스 약정 가입, 유엔 위성항법위원회 가입, 한국 우주항공청 설립 등 한국의 우주분야 발전이 가속화되고 있는 것은 정상회담을 통한 양국협력 증진의 구체적 효과라고 볼 수 있다. 한편 우주항공청은 미 항공우주국(NASA)와 '아르테미스 연구협약' 체결에 대해 논의해 이른 시일 안에 협약을 추진하기로 했다(우주항공청, 2024.10). 항공청장이 '우주리더 정상회의(Global Space Leaders Summit)'에서 "우주 기술이 기후변화 대응과 재난 관리에 필수적인 도구"라며 "대한민국이 위성 기반 기후 모니터링 기술을 통해 지구 환경 보호에 기여하고 있고 이러한 기술을 전 세계와 공유하고 있다"고 언급한 것은 우주탐사가 과학 기술개발과 공유와 밀접한 관련이 있다는 것을 보여준다.

아르테미스 약정

미국은 1970년대 아폴로 프로젝트 이후 50여년 만에 달에 우주인을 보내기 위한 유인 달탐사 프로그램인 '아르테미스 프로그램'을 진행 중이며, 이를 추진하기 위한 국제협력 원칙으로서 '아르테미스 약정'을 수립했다.
이 약정은 평화적 목적의 달·화성·혜성·소행성 탐사 및 이용에 관해 아르테미스 프로그램의 참여국들이 지켜야 할 원칙을 담고 있다.
참여국이 지켜야 할 원칙은 ▲평화적 목적의 탐사 ▲투명한 임무 운영 ▲탐사시스템 간 상호운영성 ▲비상상황 시 지원 ▲우주물체 등록 ▲우주탐사 시 확보한 과학데이터의 공개 ▲아폴로 달 착륙지 등 역사적 유산 보호 ▲우주자원 활용에 대한 기본원칙 ▲우주활동 분쟁 방지 ▲우주잔해물 경감 조치 등이다.

　한-미 정상회담의 후속조치 중 하나는 유엔 국제위성항법위원회(ICG) 한국 가입이다.

　과학기술정보통신부와 외교부는 지난 19일 열린 제15차 유엔 국제위성항법위원회(ICG) 연례회의 후속회의를 통해 우리나라가 유엔 ICG 회원국으로 정식 가입했다고 밝혔다. 과기정통부는 "ICG 활동으로 KPS가 성공적으로 개발될 수 있을 것"이라며 "향후 우리나라의 우주 분야 투자 확대와 민간 우주산업 활성화에도 크게 기여할 것으로 전망된다"고 말했다(연합뉴스, 2021.10).

　유엔 산하 정부 간 위원회인 ICG는 위성항법기술의 활용 증진을 위해 2005년 출범했다. 위성항법시스템의 신호·서비스·확산·활용·성능 향상 등에 대한 회원국 간 협의·조정 등을 실시한다. ICG에는 위성항법시스템 또는 위성기반보강시스템을 보유하거나 개발 중인 미국, 러시아, 중국, 유럽연합(EU) 등 12개 회원국이 참여 중이다.

　ICG 회원국 가입 과정 역시 과학 기술과 외교의 밀접한 관계를 여실히 보여준다. ICG 가입 과정에서 우리나라의 가입 의사 표명에 대해 중국은 우주항공분야에서의 미-중 경쟁관계를 의식하여 한국과 파키스탄을 동시에 가입시키자는 제안을 가져왔다. 즉 미국과 협력관계에 있는 한국이 가입하는 것을 견제하기 위해 파키스탄을 함께 가입시키려는 의도이다. 한편, 파키스탄과 경쟁 관계에 있는 인도는 파키스탄의 가입에 반대를 하였고, 결국 한국과 파키스탄을 패키지로 묶으려는 중국 때문에 한국의 ICG 가입이 지연되었다. 추후에 인도 및 중국에 대한 외교적 설득 노력을 통해 한국의 가입이 이루어졌지만 ICG 가입 과정은 순수한 과학 기술 분야의 국제협력에서 외교 안보적 이해가 어떻게 작용하는지 여실히 보여주고 있다.

(호라이즌 유럽 준회원 가입)

2024.3월 유럽연합(EU) 최대의 연구혁신 프로그램인 호라이즌 유럽 (Horizon Europe)에 대한 우리나라의 준회원국 가입 협상이 타결되었다. 준회원국 가입 전 우리나라 연구자는 제3국 연구자로서 직접 호라이즌 유럽 과제에 참여하지 못하고 다른 회원국/준회원국 연구자의 파트너 기관(Associated Partner)으로만 참여할 수 있었다. 준회원국 가입이 완료되면 우리나라 연구자들도 EU 회원국 연구자와 동등하게 연구책임자(Coordinator)나 연구비 수혜자(Beneficiary)로 호라이즌 연구과제에 참여할 수 있고, 별도의 국내 선정평가 과정 없이 호라이즌 유럽 예산에서 직접 연구비를 받을 수 있다. 가입을 잘 활용한다면 유럽과의 협력으로 과학기술 분야만이 아닌 공급망 안정과 신시장 확보와 같은 경제안보적 효과까지 기대할 수 있다.

◐ '호라이즌 2020'과 '호라이즌 유럽'의 제3국 참여 현황

프로그램	총 참여 건수	재원 (백만유로)	참여기관 수	참여 국가
호라이즌 2020 (2014-2020)	6802	500	2798	130
호라이즌 유럽 (2021-2027)	3129	359	1682	119

현재까지 호라이즌 유럽에는 119개의 비 EU 파트너가 참여하고 있다. 호라이즌 유럽의 증대된 재원으로 인해 제3국들은 더 많은 재원을 지원받아 2021년 이후 현재까지 3억 5900만 유로를 지원받았다. 특히 아프리카 국가의 기관들이 더 많이 증가하였으며, 주로 필러 2의 클러스터1(보건) 프로젝트에 참여하여, 임상시험 파트너십과 관련 있는 것으로

분석된다. 한편, 한-EU 연구협력센터 데이터분석에 따르면, 2023.12월 기준 우리나라의 호라이즌 유럽 프로젝트 참여기관은 30개다. 독일, 스페인 이탈리아, 영국 순으로 우리나라와 협력이 많고 분야별 참여는 필러 2의 클러스터4(디지털, 산업, 우주)가 13개, 클러스터 5(기후, 에너지, 모빌리티) 5개, 필러1(12개), 필러 3(2개) 등이다.

 맺는말

　과학 기술 개발과 혁신, 특히 기후변화 대응 차원에서의 국제협력은 인류가 직면한 최대의 도전에 대한 대응 협력이라는 명분에도 불구하고 많은 어려움을 제기하고 있다. 특히 과학 기술이 국가의 경쟁력, 경제적 발전과 더욱 밀접히 연관되면서 협력을 더욱 어렵게 하고 있다.

　많은 전문가들이 현재 진행중인 4차 산업혁명, 즉 Big Data, AI, 사물인터넷, 자동화 등은 물론 양자컴퓨팅 등 핵심 신흥기술이 과거 초기 산업혁명처럼 국가간 경쟁력을 규정하는 엄중한 시대라고 단언한다. 산업혁명이 서구 열강의 패권 경쟁과 번영에 미친 역사를 다시 돌아보면 국가 간의 협력이 어려운 이유를 쉽게 이해할 수 있다.

　한국은 반도체, 2차 전지, 수소전지, 전기차 등 기후변화 문제가 초래한 경제 체제 변화에 잘 대응하고 경쟁력을 유지하고 있다. 그러나 현재 진행되고 있는 미-중 패권 경쟁, 러시아의 우크라이나 침략 등으로 향후 진영화와 경쟁이 더욱 심각해질 것으로 예상되며, 다자주의의 쇠퇴에 따라 과학 기술협력 역시 더욱 어려워질 것으로 예상된다.

　한-미 정상회의나, '호라이즌 유럽' 준회원국 가입 등 과학기술외교 강화와 노력은 중요한 성과라고 볼 수 있다. 무역에 의존하는 한국 경제를 감안한다면 개도국과의 기술협력 역시 적극적인 추진이 필요하다. 개도국에 대한 지원은 이타적이기도 하지만 시장의 확대, 유능한 인재의 교류, 안전하고 안정적인 경제환경 조성을 통한 우리 경제발전의 선 순환 구조를 만드는 데도 기여할 수 있다. 기후변화 협약상 기술이전 논의에 있어서는 우리의 이해를 반영한 협상 참여와 함께 제6조 시장 참여를 통한 기술이전에도 보다 심도 있는 연구가 필요한 이유다.

또한 호라이즌 유럽 준회원국 가입을 통해 다자간 과학기술 연구협력 네트워크 확대가 필요하다. 특히, 기존의 독일, 프랑스, 영국 등 서구 유럽 국가 중심의 연구 참여 외에도 라트비아 등 발트 3국과 덴마크, 스웨덴, 노르웨이 핀란드 등 북구 유럽의 다양한 연구자 및 연구기관과의 협력 확대를 통해 과학기술 협력의 지평이 확대될 것을 기대한다.

글로벌 기후협력을 위한 공공 커뮤니케이션 전략과 사례
: 제1차 UN 푸른 하늘을 위한 국제 맑은 공기의 날을 중심으로

송재령 국가녹색기술연구소 선임연구원

> **매년 9월 7일은 '푸른 하늘을 위한 국제 맑은 공기의 날'**
> **우리나라가 제안하여 지정된 최초의 UN 기념일**

매년 9월 7일은 '푸른 하늘을 위한 국제 맑은 공기의 날(푸른 하늘의 날)'로, 우리나라가 UN에 처음 제안하여 지정한 날이다. 이는 단순히 맑은 공기를 기념하는 것을 넘어, 기후변화와 환경 문제를 전 세계가 함께 인식하고 해결하자는 강력한 메시지를 담고 있다.

우리는 미세먼지로 인한 대기오염으로 심각한 고통을 받고 있다. 대기오염이 환경과 인류의 건강에 미치는 영향은 점점 커지고 있으며, 특히 동북아시아 국가들은 미세먼지 문제로 막대한 피해를 겪고 있다. 세계보건기구(WHO)에 따르면 매년 약 330만 명이 대기오염으로 인해 목숨을 잃는다.

대기오염 문제에 대한 고민은 대통령직속 국가기후환경회의에서 2년간 파견 근무하는 동안 절실히 다가왔다. 필자는 이곳에서 우리나라 최초로 UN 기념일을 제안하고 채택되는 과정을 직접 경험했다. 제안 내용은 정부에 제출되었고, 문재인 대통령이 최종 검토한 후 2019년 9월 UN 기후행동 정상회의에서 공식적으로 제안하게 되었다. 그 결과, 같은 해 12월 제74차 UN 총회에서 만장일치로 매년 9월 7일을 '푸른 하늘을 위한 국제 맑은 공기의 날'로 지정하게 되었다. 초기 제안 명칭은 우리

정부가 제안한 '푸른 하늘의 날(Blue Sky Day)'이었으나. 국제사회의 다양한 의견을 반영하여 현재의 공식 명칭으로 탄생했다. 이 명칭이 정해지는 과정에서도 영문 명칭, 국가별 정책 현안 차이, 기념 일자 등 수많은 흥미로운 일화들이 있었다.

푸른 하늘을 위한 국제 맑은 공기의 날은 우리나라가 제안하여 지정된 최초의 UN 기념일이자, 대기오염을 주제로 한 첫 번째 국제적 결의이다. UN 기념일로 지정되는 과정은 결코 쉬운 일이 아니었지만, 이 날은 약 1년이라는 짧은 시간 동안 빠르게 진행되어 그 유례를 찾기 어려운 사례가 되었다. 이는 대기오염 문제가 국제사회에서 얼마나 심각하게 인식되고 있었는지를 보여주는 상징적인 사건이다. 또한, 기념일 지정이 만장일치로 통과된 것은 이 문제가 세계 각국에서 중요한 이슈로 받아들여지고 있다는 반증이기도 하다.

UN '푸른 하늘을 위한 국제 맑은 공기의 날' 결의안 (요약)

맑은 공기가 사람들의 건강과 일상생활에 중요한 요소임을 인식하고, 대기오염이 인간의 건강에 중대한 환경적 위험요소이자 전 세계적으로 사망 및 질병을 야기하는 주요한 요인 중 하나임을 유념하고, 대기오염이 또한 여성, 아동, 노인에 불균형적으로 영향을 미치는 점을 인지하고, 대기오염이 생태계에 미치는 부정적 영향을 우려하며, 데이터 수집 및 활용, 공동연구, 모범 사례 공유를 포함한 다양한 분야에서 국제, 권역, 지역적 협력 강화 필요성을 강조하며, 맑은 공기가 사람들의 건강 및 생활에 중요한 점을 유념하며, 대중의 인식제고 및 대기질 개선을 위한 행동촉진의 중요성과 긴급성을 인식하며, 대기질 개선이 기후변화 완화(mitigation)를 강화하고, 기후변화완화 노력이 대기 질을 개선할 수 있는 점을 인식하며, 맑은 공기에 대한 국제사회의 관심 증대에 고무되고, 대기오염 저감 및 건강보호를 포함하여 대기질 개선을 위해 보다 노력할 필요성을 강조하며, 9월 7일을 '푸른 하늘을 위한 국제 맑은 공기의 날(International Day of Clean Air for blue skies)'로 지정하고, 2020년부터 기념한다. 유엔 회원국, 유엔기구 및 여타 국제·지역기구, 시민사회, 개인을 포함한 모든 이해관계자들에게 '푸른 하늘을 위한 국제 맑은 공기의 날'을 기념하고, 맑은 공기를 위한 국제 협력 증진을 위해 노력할 것을 요청한다. 유엔환경계획(UNEP)에 여타기구와 협력하여 기념일 준수를 촉진할 것을 요청한다. 결의안 이행과정에서 소요되는 제반 경비는 자발적으로 부담한다. 유엔 사무총장에게 결의안에 대한 회원국, 유엔기구 및 여타국제기구의 관심과 기념일 준수를 촉구하도록 요청한다.

유엔의 '푸른 하늘을 위한 국제 맑은 공기의 날' 결의안은 대기오염이 인간과 생태계에 미치는 심각한 위험을 경고하며, 맑은 공기의 중요성을 강조한다. 결의안은 대기오염이 전 세계적으로 건강에 위협이 될 뿐만 아니라 특히 여성, 아동, 노인층에 불균형적인 영향을 미친다는 점을 주목한다. 이를 해결하기 위해 국제적 협력과 대중의 인식 제고가 필수적임을 인식하며, 데이터 수집, 공동 연구, 모범 사례 공유를 통해 대기질 개선을 위한 글로벌 노력을 촉구한다.

결의안의 핵심은 대기오염 문제 해결에 있어 공공 커뮤니케이션의 필요성을 강조하는 데 있다. 대중의 행동을 촉진하고, 대기질 개선과 기후변화 완화를 동시에 이루기 위해서는 전 세계 시민들이 문제의식을 가지고 적극적으로 동참해야 한다. 이를 위해 각국 정부와 유엔환경계획(UNEP) 등 국제 기구가 협력하여 대기질 개선을 위한 행동을 독려하고, 관련 캠페인을 통해 국제사회의 참여를 이끌어낼 것을 요청하고 있다. 공공 커뮤니케이션이야말로 맑은 공기를 위한 세계적 노력의 출발점이자 지속적인 동력으로 자리잡을 것이다.

이 결의안의 목표를 실현하기 위해, 대통령직속 국가기후환경회의는 '국제적인 협력과 캠페인 전략'을 구축하여 전 세계 국가들과의 공조 체제를 강화했다. 더 나아가, 푸른 하늘을 위한 혁신을 촉진하고 기술을 확산하기 위해 마련된 Innovation 4 Blue Skies (I4BS) 프로그램은 기후 문제 해결을 위한 글로벌 연대의 장을 제공했다. 이러한 실증적인 노력들은 공공 커뮤니케이션을 기반으로 국제사회의 협력을 이끌어내고, 푸른 하늘을 위한 실질적인 변화를 만들어가는 데 중요한 역할을 하였다.

[푸른 하늘을 위한 국제 맑은 공기의 날 공식 홍보물]

국제적인 협력과 캠페인 전략

UNEP를 중심으로 UN 본부, UN 아시아태평양본부(UNESCAP), WHO, 독일의 GIZ, 스웨덴의 SEI 등 다양한 국제기관과의 협력을 통해 푸른 하늘을 위한 국제 맑은 공기의 날 글로벌 캠페인 전략을 마련하였다. 또한 세부적인 이행 방안을 위해서 2주 간격으로 무려 6개월 이상을 서울, 뉴욕, 방콕, 베를린, 런던, 나이로비 등의 전 세계 전문가들이 수많은 온라인 회의를 거치기도 하였다. 기념일 로고와 같은 상징적 요소를 함께 기획하며, 대중에게 강렬하게 각인될 수 있도록 다양한 방법을 모색했다.

세계적으로 개최된 푸른 하늘을 위한 국제 맑은 공기의 날 기념식은 각국의 참여 속에서 다채롭게 진행되었다. UN 등 국제기구 주도로 한국, 중국, EU 등 주요 국가들과 함께 공동 행사로 개최되었으며, 반기문 전 UN 사무총장도 참석하여 의미를 더했다. 전 세계 각국에서 시차에 따라 행사가 이어지며, 자연스럽게 시작 시간의 차이가 발생하는 모습 또한 흥미로운 포인트였다. UN 본부에서 시작된 행사는 UNESCAP의 방콕 행사로 이어졌고, 그 후 각 국가별, 대륙별 행사가 진행되었다.

국내에서도 푸른 하늘을 위한 국제 맑은 공기의 날을 기념하기 위해 다각적인 행사가 진행되었다. 특히 기후변화 관련 스타트업과 미래세대를 대상으로 한 국제 행사와 더불어, 글로벌 캠페인에 대한 인식을 높이기 위한 다양한 프로그램이 기획되었다. 국제사회의 컨센서스를 만들기 위해 캠페인뿐만 아니라, 세미나와 포럼, 아이돌과 함께한 홍보 영상 제작도 함께 진행했다. 연구나 정책만으로는 한계가 있기에, 대중의 인지도를 높이고 참여를 유도하기 위해서는 언론 노출이 반드시 필요했다. 이를 통해 대중과 연구자들이 함께 환경 문제를 논의하고 향후 나아갈 방향에 대한 통찰을 얻는 자리가 되었다.

 ## 푸른 하늘을 위한 혁신과 기술 확산: Innovation 4 Blue Skies (I4BS)

기후 문제 해결을 위해서는 전 세계 기후 혁신가들이 함께 연대하고 협력해야 한다. 기후 문제를 해결하고 글로벌 잠재 역량을 강화하기 위해 '혁신가들의 놀이터'라는 개념을 중심으로 Innovation 4 Blue Skies (I4BS) 프로그램을 진행했다. 이 프로그램은 글로벌 해커톤과 메이커톤을 결합한 기술 혁신 경연 대회로, 세계 푸른 하늘을 위한 국제 맑은 공기의 날을 기념하여 대한민국이 대표적인 과학기술과 ICT 강국으로서의 위상을 알리고 기후변화와 미세먼지 문제 해결에 기여할 수 있는 소프트웨어(S/W)와 하드웨어(H/W) 프로토타입을 개발하는 데 목표를 두었다.

혁신 스타트업을 모집하고 육성하는 인큐베이팅 프로그램으로, I4BS 디자인씽킹(Design Thinking) 랩을 통해 시제품 전시와 IR 피칭 등의 일련의 프로그램을 구성했다. 국가기후환경회의와 다양한 정부기관, 구글 등도 참여하여 협력 사업으로 진행된 이 행사에서, 기후 혁신을 위한 실질적 비즈니스 모델을 지원하고 육성했다.

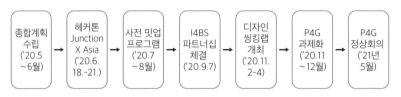

I4BS 세부 프로그램 및 추진 과정

2020년 행사는 코로나19 상황 속에서도 글로벌 참여를 유도했다. 해외 참여자들은 비대면으로, 한국의 중소벤처 기업들은 현장에서 직접 참가하는 방식으로 진행되었다. 첫째 날은 문제 정의와 아이디어 공유의 장이 되었고, 둘째 날은 퓨처싱킹 강의, 국제기구(UNDP) 멘토링, 분임별문제해결 토의 등이 이어졌다. 마지막 날에는 IR 피칭이 진행되어, 각 팀이 미래 혁신 전략을 발표하며 시상식을 마무리했다.

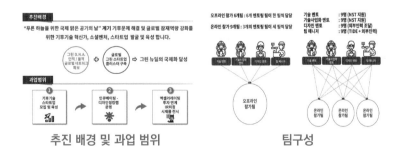

추진 배경 및 과업 범위　　　　　**팀구성**

푸른 하늘을 위한 국제 맑은 공기의 날을 알리고자 전 세계 청년층의 관심을 끌기 위해 K-pop 인플루언서와 협의하고, 대기질의 중요성을 알릴 수 있는 홍보영상을 제작했다. 특히, 한류 스타인 레드벨벳을 홍보대사로 위촉하여 UNEP 홍보대사로서 푸른 하늘을 위한 국제 맑은 공기의 날에 관한 메시지를 전달하는 다큐멘터리 형식의 홍보 영상을 제작하기도 하였다. 이 영상은 청소년과 동남아, 남미 팬층을 중심으로 큰 호응을 얻으며 폭넓게 공유되었다.

UN 푸른 하늘을 위한 국제 맑은 공기의 날 캠페인

　또한, 인플루언서들이 참여한 #CleanAirforAll 해시태그 챌린지와 일반 시민이 함께한 콘텐츠 콘테스트, 틱톡 챌린지도 진행되었다. 전 세계

MZ세대를 중심으로 한 이 캠페인은 청소년들이 두 손가락을 걸고 약속하는 이미지 등 다양한 참여 방식으로 진행되었고, 22만 조회수를 기록한 레드벨벳 홍보 영상, 10만 이상의 조회수를 달성한 캠페인 영상, 약 1,500명이 참여한 틱톡 이벤트 등 많은 성과를 이뤄냈다.

 맺는말

맑은 공기는 단순한 환경 문제가 아니라, 인류의 생존과 직결된 필수 요소이다. 우리가 푸른 하늘을 위해 협력할 때 비로소 지속가능한 미래를 꿈꿀 수 있다. 특히 대기오염과 기후변화라는 복합적인 도전에 맞서기 위해서는 공공 커뮤니케이션이 그 어느 때보다 중요하다. 이는 단순히 정보를 전달하는 것을 넘어, 전 세계 시민의 인식을 높이고 행동을 이끌어내는 강력한 도구이기 때문이다.

우리 정부의 '푸른 하늘을 위한 국제 맑은 공기의 날' 지정은 그 자체로 글로벌 공공 커뮤니케이션의 위대한 사례일 것이다. UN 결의안 채택부터 다양한 국제 캠페인까지, 이는 국가 간 협력과 시민의 참여가 함께 어우러질 때 얼마나 강력한 변화가 가능한지를 보여준다. 특히, 레드벨벳 같은 한류 스타를 활용한 홍보 영상과 #CleanAirforAll 해시태그 챌린지는 MZ세대의 관심을 끌며 메시지를 전 세계적으로 확산시켰다. 이처럼 혁신적인 커뮤니케이션 전략은 기후문제 해결의 시작점이자 중요한 원동력이 되었다.

또한, 기술혁신은 글로벌 기후협력의 또 다른 핵심 축이다. 'Innovation 4 Blue Skies' 프로그램은 대기오염 해결을 위한 기술적 해법과 창의적인 아이디어를 모으는 플랫폼이자, 전 세계 혁신가들이 연결되는 장이 되었다. 이러한 기술적 접근은 단순히 문제를 해결하는 것을 넘어, 미래 세대를 위한 지속가능한 생태계를 설계하는 데 기여했다.

결국, 우리는 기술혁신과 공공 커뮤니케이션이라는 두 축을 중심으로 글로벌 협력의 새로운 패러다임을 구축해야 한다. 이는 국가의 경계를 넘어서는 연대와 협력을 통해 가능할 것이다. 푸른 하늘은 더 이상 선택이 아니라 반드시 지켜야 할 우리의 의무이다. 또한 대기오염 해결을 위한 혁신과 협력은 미래 세대에 희망을 남기는 여정이다. 이제 우리는 한 걸음 더 나아가, 맑은 공기를 위한 글로벌 비전을 실현하기 위해 함께 걸어가야 한다. 푸른 하늘 아래 모두가 웃을 수 있는 그 날을 위해, 우리 모두의 참여와 노력이 절실히 요구된다.

글로벌 기후 위기 대응을 위한 융합 연구의 중요성

김여원 고려대학교 에너지환경대학원 · 융합에너지공학과 교수

　기후변화는 현대 인류가 직면한 가장 복합적이고 시급한 문제로, 자연재해의 빈도와 강도가 증가하며 전 세계의 생태계와 인류 사회에 큰 영향을 미치고 있다. 이는 특정 지역이나 국가에만 국한된 문제가 아닌, 전 세계적으로 영향을 미치고 있으며 생태계, 경제, 인류 사회의 모든 측면에 걸쳐 다양한 위기를 불러일으키고 있다. 이러한 기후 위기에 대응하기 위해서 공학에 기반한 다양한 기후 기술들이 고안되고 있지만, 사회의 장기적인 지속가능성 증대의 관점에서 볼 때, 기후 위기 해결은 단일 학문적 접근만으로는 충분하지 않다. 경제적, 사회적, 환경적, 지리적 조건 등 여러가지 요소에 의해 기후 위기의 피해 양상이 다면적인 성격을 띄는 만큼, 다양한 분야가 협력하여 기후 대응 문제를 이해하고 해결책을 제시할 필요가 있다. 특히 사회학, 기술 공학, 생태학 등 다양한 학문이 융합된 접근법을 통해 기후변화의 복잡성(complexity)을 이해하고, 기후 재난에 유연하게 대응하기 위해, 인프라 구축과 정책 개발에 과학기술, 사회적 이해, 경제적 협력, 생태적 요소를 모두 고려하여 도시의 기후 회복탄력성(Resilience)을 증대하는 융합적 연구의 필요성이 강조되고 있다.

기후변화는 단순한 환경 문제가 아닌, 경제, 사회, 인프라, 건강 등 다양한 분야에 걸쳐 영향을 미치는 다차원적 문제이다. 기후변화로 인한 폭염, 홍수, 가뭄 등은 생태계에 직접적으로 영향을 미칠 뿐만 아니라, 해당 지역의 사회적 약자에게 더 큰 피해를 줄 수 있다. 또한, 기후변화는 경제 구조를 변화시키고, 기후 재난으로 인한 비용 부담이 국가와 개인에게 경제적 압박을 가중시킨다. 예를 들어, 기후변화로 인한 폭염은 생태계와 농업 생산성에 직접적인 영향을 미칠 뿐만 아니라, 에너지 수요 증가, 사회적 취약 계층의 건강 문제 등 다양한 부문에 걸쳐 영향을 미친다. 따라서 기후변화 문제를 해결하기 위해서는 환경과학뿐 아니라 사회학, 경제학, 기술 공학, 보건학 등 다양한 분야가 융합되어 문제를 해결하는 데 기여할 필요가 있다.

이와 같은 기후 위기의 다층적인 문제를 해결하기 위해서는 단순한 기술적 해결책이 아닌, 사회적 이해와 생태적 대응력을 모두 포함하는 융합적 접근이 필수적이다. 예를 들어, 도시 홍수에 대한 대응책으로는 물리적 인프라를 강화하는 것만으로는 충분하지 않다. 기술 공학적 접근법은 단기적인 인프라 효율성을 극대화시킬 수 있지만, 장기적인 관점에서 도시의 환경 변화에 유연하게 대응하기 위한 적응력(adaptive capacity) 향상에 제한적일 수 있어, 도시의 사회적 특성과 생태계의 회복력을 함께 고려하는 접근이 요구된다. 따라서 기후변화에 따른 다차원적 위기 상황에서는 다양한 학문적 배경을 가진 전문가들이 협력하여 사회적, 생태적, 기술적 요구를 반영한 통합적 해결책을 제시해야 한다.

사회적, 생태적, 기술적 시스템 통합: SETS (Social-Ecological-Technological Systems) 접근법

인구와 사회기반시설이 밀집되어 있는 도시는 홍수, 폭염, 가뭄 등 기후 위기의 영향이 가장 극대화된 피해를 겪는 지역이다. 최근 연구에서는 이러한 도시의 기후 위기에 대응하는 데 있어 사회적(Social), 생태적(Ecological), 기술적(Technological) 시스템을 융합하는 SETS 접근법의 중요성이 강조되고 있다. SETS 접근법은 사회적, 생태적, 기술적 시스템이 상호작용하며 기후변화와 같은 복합적 문제에 대한 회복탄력성(Resilience)을 높이는 방안에 중점을 둔다. SETS 접근법은 단순히 기술적 성능을 향상시키는 것에 그치지 않고, 사회적 요인과 생태적 요인이 어떻게 기술적 해결책과 결합될 수 있는지를 고려한다. 이를 통해 인프라 시스템이 예상치 못한 상황에서도 적응력을 유지할 수 있으며, 사회 전반의 회복탄력성을 높일 수 있다. 예를 들어, 기존의 홍수 방지 시스템은 주로 기술적 해결책에 집중했지만, SETS 접근법은 홍수 피해를 줄이기 위해 사회적 참여와 생태적 완충지대를 포함한 통합적인 대응책을 제시한다. 다음의 몇 가지 예시를 통해 SETS 접근법에서의 기후 위기 대응 해결책이 어떠한 양상으로 기술적 시스템이 실패하더라도 사회와 생태계가 영향을 최소화할 수 있게 하는지 살펴본다.

◉ 기후변화 예측과 시나리오 개발

기후변화로 인한 자연재해를 예측하고 대응하기 위해서는 다양한 데이터를 수집하고 분석하는 작업이 필요하다. 이를 위해 기후 과학과 데이터 과학, 인공지능(AI) 기술의 융합이 이루어 져야 한다. 특히, 다양한 환경 요인을 포함한 데이터를 수집하고 분석하여 기후변화의 흐름을 예측하고 시나리오를 개발하는 것은 기후변화 대응의 첫걸음이다. 이 과정에서 기상학과 환경학뿐 아니라, 데이터 분석과 기계 학습 기술이 결합되어야만 더욱 정밀하고 유의미한 예측을 할 수 있다. 기후 과학은 기후변화를 이해하고 예측하는 데 필수적이지만, 방대한 데이터를 처리하기 위해서는 데이터 과학과 AI의 협력이 필요하다. 이러한 시나리오 기반의 기후 예측 모델은 다양한 특성을 가진 지역 사회에 맞춤화 된 리스크 관리와 대응책 개발에 중요한 역할을 하며, 이를 통해 기후변화로 인한 피해를 최소화할 수 있다.

◉ 정책적 결정과 사회적 인식의 조화

기후변화 대응을 위한 정책 개발에는 사회적 수용성과 협력이 필수적이다. 효과적인 기후변화 대응 정책은 기술적 예측과 데이터 기반의 시나리오에만 의존해서는 안 된다. 정책학, 사회학, 심리학 등의 학문들이 기후변화에 대한 사회적 인식을 높이고 정책적 결정을 내리는 과정에서 중요한 역할을 해야 한다. 정책이 성공하기 위해서는 대중의 이해와 지지가 필요하며, 이를 위해서는 개발된 기술의 사회과학적 영향력을 고려할 필요가 있다. 예를 들어, 재생에너지 사용을 늘리기 위한 정책을 추진하기 위해서는 시민들의 이해와 협력이 필수적인데, 이러한 사회적 기반을 다지기 위해 사회적 인식 향상, 교육 프로그램 개발, 대중의 기후변화 대응 참여를 이끄는 전략을 마련하는 것이 중요하다. 공공 커뮤니케이션을 통해 기후변화의 심각성을 알리고, 기후변화 대응의 공감대를 형성해야 시민들의 실질적인 행동을 유도하고 실행 정책의 효과를 극대화 할 수 있다.

◉ 기술적 해결책과 경제적 타당성의 통합

기후변화 대응을 위한 기술적 해결책에는 막대한 재정적, 경제적 비용이 수반된다. 재생 에너지 개발, 스마트 도시 인프라 구축, 기후 적응 농업 기술 등 다양한 분야에서의 기술적 혁신이 필요하지만, 이러한 기술들이 경제적으로 지속가능할 수 있도록 경제학과 경영학 분야의 연구가 뒷받침되어야 한다. 예를 들어, 비용 효율적이면서도 지속가능한 에너지 시스템을 개발하기 위해서는 신재생 에너지 기술과 금융 경제 모델의 융합이 필요하다. 이는 기후변화 대응에 필요한 재정적 자원을 적재적소에 배분하고, 사회 전반에 걸쳐 경제적 혜택을 극대화하는 데 기여할 수 있다.

◉ 생태계와 인간 사회 간의 상호작용 이해

기후변화는 생태계와 인간 사회 모두에 영향을 미치며, 이 두 영역 간의 상호작용은 매우 복잡하다. 예를 들어, 기후변화로 인한 해수면 상승과 기온 상승은 인간 사회의 생존과 생활 방식에 변화를 일으킬 뿐만 아니라, 동식물의 서식지 파괴, 종 다양성 감소 등 생태계에도 큰 영향을 미친다. 생태학, 인류학, 농업학 등의 학문이 협력하여 인간 사회와 생태계 간의 상호작용을 이해하고 이에 대응하는 전략을 마련할 수 있어야 한다. 특히, 기후변화에 따른 농업 시스템의 변화와 식량자원 확보 문제는 앞으로의 주요 이슈가 될 가능성이 높다. 사회적, 기술적, 생태학적 관점이 융합된 SETS 접근법이 이러한 문제를 해결하는 데 필수적이다.

◉ 기후 대응에 유연한 Safe-to-fail 인프라 개발

기후변화 대응을 위한 인프라 개발 및 설계 접근법의 대표적인 사례로는 Safe-to-Fail 인프라 개발 이론을 들 수 있다. 이는 사회기반시설이 완전히 혹은 부분적으로 작동하지 않는 극한 기후 상황에서 인프라 시스템의 기능적 또는 구조적 실패를 허용하도록 시스템을 설계하여 사회 및 생태계 전체적인 피해를 줄이기 위한 개발 방안이다. 이러한 Safe-to-Fail 접근법은 기술적 시스템의 실패에 대비하여 생태적 완충지대나 사회적 네트워크를 강화하여, 예상치 못한 재해 발생 시에도 사회와 생태계에 미치는 영향을 최소화하도록 인프라를 설계한다. 이러한 SETS 관점에서의 인프라 설계는 단순한 기술적 접근을 넘어서, 생태적 요소와 사회적 요소를 고려함으로써 기후변화 대응의 탄력성을 높이는 데 기여할 수 있다.

이러한 배경에서 유럽과 미국의 여러 국가들은 기후변화 대응을 위한 융합 연구를 적극적으로 추진하고 있다. 이들은 연구 자금을 확보하고, 학문적 협력을 장려하며, 융합적 접근을 위한 정책적 기반을 마련하는 등 다양한 방식을 통해 융합 연구를 촉진하고 있다. 아래에서는 각 지역의 구체적인 정책 사례를 살펴본다.

 ## 유럽의 융합 연구 육성 정책 사례

유럽연합(EU)은 기후변화 문제에 대응하기 위해 기후 과학과 정책, 기술, 사회적 측면을 통합하는 여러 연구 프로그램을 운영하고 있다. 유럽연합은 융합 연구의 중요성을 인식하고, The European Green Deal, Horizon Europe 등 대규모 연구 및 혁신 프로그램을 통해 기후변화와 관련된 융합 연구를 지원하고 있다.

Horizon Europe은 유럽연합(EU)의 주요 연구 및 혁신 프로그램으로, 2021년부터 2027년까지 약 950억 유로의 예산으로 운영되며, 지속가능한 발전과 사회적 도전을 해결하기 위해 융합 연구를 장려하는 데 중점을 둔다. 이 프로그램은 과학, 기술, 사회, 경제 등 다양한 분야의 전문성을 통합하여 글로벌 문제를 해결하고, 유럽의 경쟁력을 강화하는 것을 목표로 한다. Horizon Europe은 전통적인 학문적 접근을 넘어, 학제 간 및 분야 간 협력, 그리고 정책, 산업, 시민사회와의 연계를 통해 보다 혁신적이고 실질적인 문제 해결을 도모한다. 융합 연구 관점에서 Horizon Europe의 주요 특징은 다음과 같다.

1) 미션 기반 접근(Mission-Oriented Approach)

Horizon Europe은 기후변화, 지속가능한 도시, 암 치료, 농업 혁신 등 구체적이고 도전적인 목표(미션)를 설정하고, 이를 달성하기 위해 다양한 분야의 연구자와 이해관계자들이 협력하도록 한다. 예를 들어, "100개의 탄소중립 스마트 도시" 미션은 도시 계획, 에너지 공학, 사회 과학 등 다양한 학문과 정책, 지역사회가 연계해 목표를 달성하도록 설계되었다.

2) 다학제적 협력(Multidisciplinary Collaboration)

다양한 학문과 기술 분야의 융합을 장려하여 복잡한 문제를 해결하도록 한다. 예를 들어, 에너지-물-식량 연계 문제를 해결하기 위해 기후 과학, 공학, 경제학, 사회학이 함께 참여하여 해결책을 도출한다.

3) 연구-정책-산업 연계(Research-Policy-Industry Nexus)

연구 결과가 정책 및 산업 혁신에 직접적으로 반영될 수 있도록 지원하며, 정부, 산업, 시민사회 간 협력 플랫폼을 제공한다. 예를 들어, 지속 가능한 에너지 전환 프로젝트에서는 재생 에너지 연구와 에너지 정책, 산업의 재생에너지 기술 개발이 통합적으로 진행된다.

4) 시민사회 참여(Citizen Engagement)

융합 연구의 과정에 시민들을 참여시키며, 연구 및 혁신이 실제 사회적 필요에 기반하도록 보장한다. 예를 들어, 지역 주민과의 협업을 통해 지속가능한 도시 디자인 및 인프라 프로젝트를 설계하도록 한다.

5) 데이터와 디지털 혁신 활용(Data and Digital Innovation)

Horizon Europe은 빅데이터, 인공지능(AI), IoT 등의 첨단 기술을 활용하여 복잡한 문제를 분석하고 예측 가능한 솔루션을 제공하도록 한다. 예를 들어, 스마트 농업 프로젝트에서 AI와 드론 기술을 통해 작물 생산성을 높이고 자원 낭비를 줄이도록 한다.

미국 역시 기후변화에 대응하기 위해 다양한 융합 연구 프로그램을 운영하고 있으며, 특히 기후변화에 대한 과학적 이해와 기술적 해결책을 지원하기 위해 학문 간 협력과 혁신적 연구를 장려하고 있다. 미국의 주요 융합 연구 정책으로는 연방 기후변화 연구 프로그램(US Global Change Research Program, USGCRP)과 국가 과학 재단(National Science Foundation, NSF)의 지속가능한 지역 시스템 연구(Sustainable Regional Systems Research Networks) 프로그램 등이 있다.

미국 국립과학재단(NSF)의 Sustainable Regional Systems Research Networks(SRS RNs)는 지역 시스템의 지속가능성을 증대하기 위해 다양한 학문과 실천적 접근법을 융합하는 연구 네트워크이다. 이 프로그램은 지역의 환경, 사회, 경제적 시스템 간 상호작용을 이해하고, 복잡한 문제를 해결하기 위한 혁신적이고 협력적인 방법론을 개발하는 것을 목표로 한다. 특히, 연구 결과가 정책 및 실천으로 이어지도록 하고, 기후변화 및 기타 복합적인 문제에 대응 가능한 지속가능한 지역 시스템을 설계하도록 한다. 융합 연구 관점에서 SRS RNs의 핵심 특징은 다음과 같다.

1) 다학제적 통합(Multidisciplinary Integration)

SRS RNs는 환경 과학, 공학, 사회 과학, 경제학, 도시 계획 등 다양한 분야의 전문가들이 협력하여 복잡한 지역 문제를 해결하도록 한다. 이는 학문 간 통합뿐만 아니라 실무자와 정책 입안자를 포함하여, 학문과 실천 간 경계를 허물고 실질적 변화를 만들어내도록 한다.

2) 지속가능성에 대한 시스템적 접근(Systems Thinking)

지역 사회, 생태계, 경제 시스템을 하나의 상호 연결된 네트워크로 보고 각 시스템 간 상호작용과 피드백 루프를 분석하도록 한다. 이를 통해 개별적인 문제 해결이 아닌 시스템 전체의 지속가능성을 높이는 방향으로 해결책을 제시하도록 한다.

3) 지역 맥락 중심(Place-Based Research)

SRS RNs는 지역의 고유한 사회적, 경제적, 생태적 맥락을 고려하여 맞춤형 연구를 진행하도록 한다. 예를 들어, 대도시에서는 열섬 현상 문제를, 농촌 지역에서는 수자원 부족 문제를 다루는 식으로 지역 특성에 기반한 해결책을 제안하도록 한다.

4) 연구와 실천의 연결(Research-to-Practice Integration)

연구 결과가 실제 정책과 실천에 적용될 수 있도록 학계, 정부, 민간 기업, 지역사회와 협력하여 지속가능한 지역시스템 설계 및 실행 가능성을 높이도록 한다. 이는 지역 주민과 직접 협력하여 실질적인 변화를 만들어내도록 장려한다.

5) 데이터와 기술 활용(Data and Technology for Sustainability)

SRS RNs는 빅데이터, AI, GIS(지리정보시스템) 등 첨단 기술을 활용하여 지역 시스템의 복잡성을 분석하고, 데이터 기반의 지속가능한 관리 방안을 개발하도록 한다. 예를 들어, 물-에너지 소비 패턴을 실시간으로 모니터링하고, 효율적 자원 관리를 위한 의사결정을 지원하도록 한다.

미래를 위한 융합 연구의 방향과 도전 과제

융합 연구는 기후변화 대응에 필요한 다방면의 해결책을 모색하는 데 중요한 역할을 한다. 사회학, 생태학, 기술공학 등 다양한 학문이 협력하여 기후변화 문제를 다차원적으로 분석할 때, 종합적이고 실질적인 해결책을 제시할 수 있다. 기후변화 대응을 위한 융합 연구는 각 학문 간의 소통과 협력, 그리고 지원 체계가 필요하다. 학문마다 사용하는 용어와 연구 방법이 다르기 때문에, 서로 다른 분야의 연구자들이 공동의 목표를 설정하고 효과적으로 협력할 수 있는 체계가 마련되어야 한다. 또한, 융합 연구의 결과물이 실제로 정책에 반영되고 사회에 적용될 수 있도록 범학문적(Transdisciplinary) 연구팀을 구성하여 연구와 정책 개발 간의 연계가 강화되어야 한다.

기후 위기는 전 세계가 함께 해결해야 할 문제이며, 이를 위해서는 다양한 학문이 협력하여 포괄적인 대응책을 마련하는 융합 연구가 필수적이다. SETS 접근법은 기후변화 대응을 위한 새로운 패러다임을 제공하며, 사회적, 생태적, 기술적 요소가 상호작용하는 복잡한 시스템을 이해하고 관리하는 데 중요한 역할을 한다. 기후변화 대응을 위한 융합 연구는 단기적인 대응을 넘어, 장기적이고 지속가능한 해결책을 제시할 수 있으며, 이는 미래 세대를 위한 지속가능한 환경을 보장하는 데 큰 기여를 할 수 있다. 기후변화 대응이 더 이상 단일 학문이나 개별적인 기술만으로 해결될 수 없는 문제로 인식되는 지금, 융합 연구는 우리가 직면한 기후 위기에 대한 최선의 대응 전략으로 자리잡아야 하며, 이를 통해 우리 사회가 지속가능한 미래를 만들어가는 데 중요한 역할을 할 것이다.

주요국 탄소중립 R&D 동향과 그린 ICT 프로젝트

배문식 카본에스 대표이사

주요국들과 우리나라의 탄소중립 R&D 정책과 전략 등을 살펴보고, ICT 분야 국책연구기관인 ETRI의 탄소중립 관련 R&D 프로젝트들을 소개하고자 한다.

주요국의 탄소중립 R&D 정책 및 전략

2016년 발효된 파리협정 이후 '2050 탄소중립 목표 기후동맹'이 출범하면서 기후변화에 대처하기 위한 화석연료 사용 저감과 신재생에너지 확충은 전 세계의 주요 이슈가 되었다.

기후재앙을 막기 위해 제시한 1.5도 상승 목표를 충족할 것이라고 본 기후학자는 6%에 불과하다는 설문 결과도 있었으며, 전문가들은 지구 평균온도가 1.5도 상승하면 폭염은 8.6배, 가뭄은 2.4배, 집중호우는 1.5배, 태풍 강도는 10% 증가할 것으로 전망하고 있으며, 2도 이상 상승하면 보통의 인간이 감당할 수 없는 재앙과도 같은 자연재해가 닥칠 것으로 예측하고 있다.

2024년 초 세계기상기구(WMO)가 공개한 '2023년 지구기후현황' 보고서에 따르면 지난해 지구의 평균온도는 산업화 이전보다 1.45도 올랐다. 이제 1.5도까지 0.05도밖에 남지 않은 상황에서 기후위기의 원인인 온실가스 감축을 위한 더욱 과감한 노력이 필요한 상황으로, 기후위기 대응을 위해 주요 선진국들은 다양한 탄소중립 정책 및 R&D 추진 전략을 제시하고 있다.

최근 주요 선진국들은 기후변화의 심각성을 인식하고, EU CBAM, 미국 인플레이션 감축법(IRA) 및 청정경쟁법안(CCA) 등 글로벌 탄소 규제를 강화하고 있는 상황이다.

(EU CBAM) EU는 기후변화 대응의 일환으로 세계 최초로 탄소국경조정제도(CBAM: Carbon Border Adjustment Mechanism) 도입을 추진하고 있으며, '30년까지 '90년대비 탄소 55% 감축을 위한 기후대응 패키지("Fit for 55")를 발표('21.7)한 바 있으며, 철강 등 6개 업종을 대상으로 '23년 10월부터 전환기간을 거쳐 '26년 시행할 예정이며, EU는 전환기간 동안 플라스틱, 유기화학품 등의 추가 여부를 결정할 계획으로 있다.

(미국) 바이든 행정부 출범 이후 파리협정에 재가입하여 '기후위기 대응에 관한 행정명령'(2021. 1.)을 발표하고, 범부처 차원에서 정책 우선순위를 결정하는 「인프라 투자 및 일자리법(IIJA)」과 「인플레이션 감축법(IRA)」을 마련한 바 있다. IRA는 2022년 8월 제정된 7,370억 달러 규모의 법안으로 물가상승 억제 목적이지만, 실제로는 약 80% 이상의 지출이 에너지 안보 강화와 기후변화 대응책 마련에 집중되어 있으며, IRA를 통해 2030년까지 약 40%의 온실가스 배출 절감을 목표로 하고 있다.

또한 2022년에는 「청정경쟁법안(Clean Competition Act)」을 발의하였으며, 현재 입법 과정에 있으며, EU의 CBAM에 대응하기 위해 본 법안을 발의하였으며, 자국 기업의 탈탄소화를 촉구하고, 수입품에 탄소세를 부과하여 미국산 탈탄소 제품의 수요를 촉진하는 등 시장 기반의 탈탄소 전략을 구축하고자 하는 것이다.

미국의 대표적인 탄소중립 기술개발 정책으로는 에너지부에서 추진하는 '에너지 어스샷 이니셔티브(Energy Earth shots Initiative)'를 들 수가 있는데, 청정에너지에 대한 투자를 기반으로 청정에너지 기술의 혁신을 가속화하고 궁극적으로는 탄소중립 사회로의 성공적인 전환을 목표로 한다.

(일본) 2020년 10월 '2050 탄소중립'을 선언한 후 2013년 기준으로 46%의 온실가스를 2030년까지 감축하겠다고 발표하였으며, 대표적인 정책으로는 '2050 탄소중립을 위한 녹색성장 전략', '지구 온난화 대책 계획', '제6차 에너지기본계획' 등이 있다. 한편 2021년 6월 '지역 탈탄소화 로드맵'을 발표하여 지역 이니셔티브와 관련된 목표와 계획을 공개하였으며, 2023년 5월 탈탄소 사회의 실현을 위한 신법인 「GX(그린 트랜스포메이션) 추진법」을 가결한 바 있다.

2020년 12월 관계부처 공동으로 '2050 탄소중립을 위한 녹색성장 전략'을 발표하여 에너지 관련 산업, 운송 제조 관련 산업, 가정·오피스 관련 사업 등 3가지 산업 분야 및 14대 중점 분야를 선정하여 정책 목표 달성을 위한 세부 전략을 제시한 바 있다. 탄소중립을 실현하고 지속가능한 에너지 생산을 위한 지열, 수력, 태양열 등의 차세대 재생에너지 기술 개발 및 보급에 주력할 계획으로 있다.

(독일) 2019년 5월 2050년 탄소중립을 선언하여 재생에너지 비중 증가, 에너지 효율 개선, 전기자동차 보급 확대, 산업 부문의 탄소배출 감소, 탄소가격제 도입 등 다양한 조치를 취하고 있다. 기후변화 관련 정책 수립과 구현을 위해 「연방기후보호법」을 근거로 '기후문제전문가위원회(ERK)'를 설립하였으며, 2019년 9월에 '독일정부 연합 2030 기후 패키지'를 통해 「기후보호법」을 개정하고, '기후행동프로그램 2030'을 수립하여 초기 연구개발부터 해당 기후행동 및 경제적 영향, 사회 수용성을 고려한 총 24개의 중점 프로그램이 제시되었다. 「재생에너지법(EEG)」, 「해상풍력에너지법(WindSeeG)」, 「에너지 생산기업규제법(EnWG)」 등을 개정하여 2030년까지 총 전력수요의 80%를 재생에너지로 충당할 계획으로 있다.

또한 2020년 6월 '국가수소전략'을 발표하여 수소기술의 상용화를 위해 70억 유로를 투자하고, 국제적 협력을 강화하기 위해 추가로 20억 유로를 지원할 계획이며, 2030년까지 5GW의 수소 생산시설 구축을 목표로 하고 있으며, 긴급 기후보호프로그램을 도입하여 수소 생산량을 두 배로 확대할 예정이다.

(영국) 2008년 「기후변화법(Climate Change Act)」을 통해 세계 최초로 온실가스 감축 의무를 법적으로 규정하였으며, 정부에 온실가스 감축에 대한 자문을 제공하고 감축 이행 현황을 의회에 보고하는 '기후변화위원회(Committee on Climate Change)'를 설립하였다. 2020년 11월에 발표된 '녹색 산업혁명 계획'은 브렉시트 이후 독자적인 탄소중립 정책을 수립한 영국의 핵심 전략으로 해상풍력, 수소, 원자력, 전기차 등 10개 분야에 집중하여 녹색 산업혁명을 주도하겠다는 목표를 제시하였다.

2021년 10월에 수립된 '넷제로 전략(Net Zero Strategy: Build Back Greener)'은 2050 탄소중립 달성을 위한 최상위 계획으로 탄소중립 혁신 방안을 제시하고 있다. 이에는 발전, 산업, 건물, 수송 등 경제의 주요 부문별로 온실가스를 감축하는 목표와 이를 달성하기 위한 과제, 투자 계획 등을 상세히 명시하고 있다. 2021년에는 '탄소중립 연구 및 혁신 프레임워크'를 수립하고, 2023년에 시행계획을 마련하였다.

우리나라의 탄소중립 R&D 전략

우리나라는 기후변화 대응을 위한 기술개발의 중요성을 인식하여 2021년 4월 「기후변화대응 기술개발 촉진법(약칭: 기후기술법)」을 제정하여 온실가스 감축과 기후변화 적응에 관한 기술의 연구기반을 조성하여, 국제사회와의 협력을 증진하여, 탄소중립 실현 및 국민경제 발전에 이바

지하는 것을 목적으로 하고 있다.

2020년 12월 2050 탄소중립 목표를 선언하고, 2010년에 제정된 「저탄소 녹색성장 기본법」을 폐지하고, 새로운 기후위기 대응으로 「기후위기 대응을 위한 탄소중립·녹색성장 기본법(약칭: 탄소중립기본법)」을 2021년 9월에 제정하였으며, 2023년 3월 관계부처 합동으로 '국가 탄소중립·녹색성장 기본 계획(안)'을 수립하였다. "2050년 탄소중립 목표 달성을 위하여 탄소중립 사회로의 이행과 환경·경제의 조화로운 발전"을 국가 비전으로 설정하고, "탄소중립, 녹색성장, 글로벌 중추국가로의 도약"을 전략 목표로 삼고 3대 정책 방향과 4대 전략 및 12대 과제를 제시한 바 있다.

또한 2023년 5월에는 "한국형 탄소중립 100대 핵심 기술"을 선정하고 탄소중립 R&D 청사진을 제시하였다. 세부적으로는 에너지전환(8개 분야 35개 기술), 산업(5개 분야 44개 기술), 수송·교통(2개 분야 13개 기술), 건물·환경(2개 분야 8개 기술) 등 총 17개 분야 100대 핵심기술로 구성되어 있다.

아울러 태양광, 수소 및 CCUS 등 총 10개 분야의 탄소중립 기술혁신 전략 로드맵을 발표하였으며, 태양광 분야 로드맵(2023.12.)에서는 초고효율 태양전지, 사용처 다변형 태양광, 폐모듈 재사용·재활용 등 3개 분야의 핵심기술을 선정하였다. 수소공급 분야의 탄소중립 기술혁신 전략 로드맵(2022.11.)에서는 대규모 수소를 경제적으로 생산하고, 안전하게 공급하는 것을 임무하여, 수전해 생산, 수소 저장·운송, 해외수소 저장·운송 등 3개 분야의 핵심기술을 선정하여 기술별 목표를 제시하고 있다. CCUS 분야 탄소중립 기술혁신 전략 로드맵(2022.11.)에서는 대량의 탄소 포집부터 경제적 가치를 지닌 제품으로의 전환·활용을 위해 탄소 포집, 탄소 저장, 탄소 활용 등 3가지 분야로 구분하여 핵심기술을 선정 제시하였다.

우리나라 과기정통부는 디지털 기반의 탄소중립 추진을 위해 ICT로 에너지 효율화를 추구하고자 다양한 전략과 R&D 계획을 제시하고 있는 바, ICT 분야 대표적인 국책연구기관인 ETRI에서 수행하고 있는 탄소중립 관련 R&D 프로젝트를 에너지 관리 기술, 주택 에너지 모니터링 기술 및 환경 모니터링 기술 등 3개 분야로 구분하여 최근 추진하고 있는 주요 프로젝트들을 살펴보고자 한다.

첫째, "에너지 관리 기술 분야"에서는 마이크로그리드 에너지관리 시스템 기술, IoT기반 신재생에너지 생산량 예측관리 솔루션, 클라우드 및 서버 환경을 위한 에너지 절감 OS 서비스 기술, 태양광 발전량 예측 기술 등이 있다.

마이크로그리드 에너지관리 시스템 기술은 분산전원과 소비자 간의 전력 및 에너지 소비에 대한 효율적 관리를 통한 에너지 공급, 수요관리 비용 최적화 기술, 피크 요금제·실시간 요금제 대응 및 에너지 자급과 비용 최소화 목적의 통합플랫폼 기술이다.

IoT기반 신재생에너지 생산량 예측관리 솔루션 프로젝트는 IoT 서버 플랫폼에 내장하여, 신재생에너지 생산량에 대한 데이터를 기반으로 향후 생산 가능한 에너지량을 예측할 수 있는 기술로써, RNN(Recurrent Neural Network, 순환신경망)기반 전력예측 네트워크 모델을 통해, 태양광, 풍력, 소수력 등의 발전원에 대한 생산량 예측이 가능하다.

클라우드 및 서버 환경을 위한 에너지 절감 OS 서비스 기술은 클라우드 환경이나 물리서버 환경에서 기존 운영체제를 절감용 운영체제로 교환하거나 기존 운영체제에 절감 제어 모듈을 추가하여 전력낭비 최소화 등 에너지 최적 환경을 제공하는 실시간 에너지 모니터링 및 프레임워크 제공 기술이다.

태양광 발전량 예측 기술은 전력거래소, 배전사업자 등 전력시스템을 체계적으로 관리하기 위해 과거 또는 표준 날씨 데이터에 기반한 연간 발전량을 추정하는 기술이다.

둘째, "주택 에너지 모니터링 기술 분야"에서는 주택단지 전력정보 수집 및 중개거래 모니터링 기술, 홈에너지그리드(HEG) 에너지관리시스템(하드웨어 및 소프트웨어) 기술, 주택 열에너지 사용량 빅데이터 수집 및 모니터링 기술 등이 있다.

주택단지 전력정보 수집 및 중개거래 모니터링 기술은 주택용 잉여전력 거래를 활성화시키기 위해 다양한 ICT 기술을 활용한 주택 간 잉여전력 P2P 거래를 위한 플랫폼으로서, 다양한 주택단지 전력 정보 현황 분석 및 전력 거래를 가능하게 하는 전력 중개 거래 현황 모니터링 기술이다.

홈 에너지 그리드(HEG) 에너지관리시스템(HW, SW) 기술은 전력 기술과 ICT 기술이 융합되는 스마트그리드 기술을 적용한 가정내에서의 전기에너지를 효율적으로 사용하기 위한 에너지 관리 기술로써, 사용자 모바일 기기를 기반으로 사용자 인터페이스 기능을 지원하는 모바일 기기 SW 기술도 포함되어 있다.

주택 열에너지 사용량 빅데이터 수집 및 모니터링 기술은 주택에서 사용되는 열에너지 대상으로 데이터를 수집하고, 분산 빅데이터 기술을 활용한 열데이터의 공유 및 유통을 위한 주택 열에너지 사용량 빅데이터 모니터링 기술이다.

셋째, "환경 모니터링 기술 분야"에서는 IoT기반 실시간 녹조 모니터링을 위한 이동형 센서시스템 기술, 맞춤형 온실운영시스템 기술, 디지털 트윈 기반 축사 에너지 분석 기술 등이 있다.

IoT기반 실시간 녹조 모니터링을 위한 이동형 센서시스템 기술은 강, 하천, 호수, 댐 등의 수상환경에서 무인 수상 이동체와 IoT무선네트워크를 활용하여 수질 정보 및 하천, 호수 등의 수심과 같은 측량 정보를 수집하여 이동 중에 정보를 즉시 제공하는 실시간 모니터링을 가능케 하여, 녹조 정보에 대한 실시간 서비스와 녹조 발생의 예측을 위한 대량의 데이터를 제공하는 녹조 통합관리 시스템 개발 기술이다.

맞춤형 온실운영시스템 기술은 농업 IT 융합의 대표적인 기술로서 온실운영시스템 기술 및 식물의 최적 재배환경을 자동조절 할 수 있는 기술로써, 재배사 통합환경제어기는 재배사 내부와 외부에 설치된 센서 노드의 센서로부터 환경 모니터링 기능을 수행하고, 재배사 내부에 설치된 제어 노드의 액추에이터를 구동하여 작물의 생장에 적합한 환경이 되도록 조절할 수 있다.

디지털 트윈 기반 축사 에너지 분석 기술은 디지털 트윈을 활용하여 디지털 공간 상에 가상의 축사를 생성하고, 실제 축사로부터 다양한 데이터(축사 내외 온도/습도/이산화탄소/암모니아, 날씨 등 실내외 환경 정보, 운영 정도 등)를 토대로 축사 운영 시뮬레이션을 수행하고 실제 축사에 적용하는 기술이다.

 탄소중립 실현을 위한 ICT의 역할 강화

AI 등 ICT 기술 활용으로 에너지·자원의 효율적 이용을 극대화하여 지속가능한 친환경 사회 구현을 가속하고, 탄소 배출량 절감 등 저탄소 산업생태계 구축에 기여할 것으로 예상되는 가운데, 이른 시일내에 AI가 온실가스 배출량을 16% 줄이고, 전력 효율을 15% 개선할 것이라는 연구결과도 제시되고 있다.

디지털화 촉진은 산업 분야별 탄소중립 실현을 위한 주요 해결책이 될 수 있으나, 에너지 소비 및 탄소배출 증가라는 문제점도 있어, ICT R&D에서 고성능 구현뿐 아니라, 에너지 효율 향상과 탄소 배출량 저감을 위한 R&D 수행에 정책적인 지원과 연구수행 주체의 노력이 한층 필요한 시점에 있다. 또한 자체적인 탄소중립 대응책 마련이 어려운 중소기업들이 쉽게 활용할 수 있는 대표 산업 분야에서 ICT 기반 탄소중립 실천 방안을 한국전자통신연구원(ETRI)과 같은 공공 R&D 기관에서 좀더 적극적으로 수행할 필요가 있다.

05

IPCC AR6 기반 미래 탄소배출량 추정 방법

박지영 뉴욕주립 버팔로대학 교수

IPCC 기후변화 시나리오

IPCC(기후변화에 관한 정부 간 협의체)는 기후변화에 관한 가장 포괄적인 최신의 정보를 제공하며, 글로벌 학계, 정책 및 산업에서 기후변화 관련 표준 자료로 평가된다. 2016년 4월 제43차 IPCC 총회에서 제6차 평가 보고서(AR6)계획이 확정되었고, 2023년 「IPCC 제6차 평가보고서(AR6) 종합보고서」가 만장일치로 승인됐다. 이 보고서는 IPCC 제6차 평가주기 (2015~2023년) 동안 3개 특별보고서와 3개 평가보고서(WG)를 발간하였으며, 기후변화의 과학적 근거, 적응, 완화 등 핵심 내용으로 종합보고서를 발간하였다.

IPCC는 SA90 시나리오를 시작으로 IS92, SRES 시나리오 및 RCP 시나리오, 그리고 가장 최신의 SSP 시나리오까지 지속적으로 기후변화 시나리오를 발표하였다.

1) SRES(Special Report on Emission Scenarios, 배출량시나리오에 관한 특별보고서)

SRES는 IPCC 제3차평가보고서에서 사용된 미래 배출량 시나리오로 인구성장, 경제와 기술발달, 사회시스템에 따라 4개 군의 시나리오로 구성된다.

2) RCP(Representative Concentration Pathways, 대표농도경로)

RCP는 IPCC 제5차평가보고서에서 인간 활동이 대기에 미치는 영향을 평가하기 위하여 온실가스 농도를 사용했다. RCP 시나리오의 숫자는 복사강제력을 의미하며, 2100년 기준 온실가스 농도를 대표로 사용하고 있다. RCP 시나리오별 2100년 기준 CO_2 농도의 경우, RCP2.6은 421ppm, RCP4.5는 538ppm, RCP6.0은 670ppm, RCP8.5는 936ppm이다.

3) SSP(Shared Socioeconomic Pathway, 공통사회 경제경로)

SSP는 IPCC 제6차평가보고서에서 2100년 기준 복사강제력 강도(기존 RCP 개념)와 함께 미래 기후변화 대비 수준에 따라 인구, 경제, 토지이용, 에너지사용 등의 미래 사회경제시스템의 변화를 적용한 경로이다.

 ## AR6 기반 미래 탄소배출량 추정 연구

IPCC 보고서가 과거에는 RCP기반한 농도 배출에 초점을 맞추었다면, 가장 최신인 AR6에서는 SSP기반 인간의 활동과 사회경제 변화 시나리오를 구축해 이를 RCP로 연계시키는 것에 초점을 맞추었다. 글로벌 AR6 시나리오 구축을 한국 내 지자체 수준의 시나리오 구성을 환경부에 제안하였고, 환경부 신기후체제 대응환경기술 개발사업 과제를 통하여 3년째 AR6 기반 사회경제기후정책 통합 미래 시나리오 구축과 이를 위한 탄소배출량 추정 연구를 진행하고 있다. 현재 국내의 울산광역시, 서산시, 순천시 세 개 지자체를 시범지역으로 선정하여 국가모델이 외에 세 지자체와 협업을 통해 지자체 연구를 동시에 수행하고 있다.

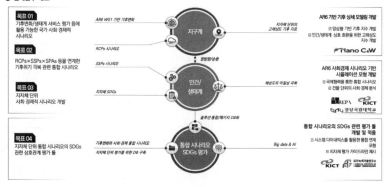

전체연구 개요

목표 01
기후변화/생태계 서비스 평가 등에
활용 가능한 국가 사회·경제적
시나리오

목표 02
RCPs×SSPs×SPAs 등을 연계한
기후위기 극복 관련 통합 시나리오

목표 03
지자체 단위
사회·경제적 시나리오 개발

목표 04
지자체 단위 통합 시나리오의 SDGs
관련 상호관계 평가 툴

해당 연구를 통한 1차 목표는 2가지로 설정하였다. 첫째는, 전국을 대상으로 1km × 1km에 대한 사회경제 지표와 인구사회경제 지표를 만들고 그 이후 정책이 반영될 수 있는 형태로 인구·사회·경제·기후·정책이 국가단위에서 통합되는 시나리오를 만드는 것이다. 그 다음 목표는 세개 지자체(울산, 서산, 순천)에 대하여 건물 단위까지 인구-사회경제, 산업, 기후-지표의 변화를 구축하고, 그 중 온실가스 배출 지표를 통해 기후지표에 연결시켜 지자체 단위의 정책에 대한 시뮬레이션까지 진행할 수 있는 지자체 활용 통합 시뮬레이션 모형을 구축하고 실전적으로 배포하는 것을 최종 목표로 한다.

🌍 건물 단위의 탄소배출량 추정

2100년까지 어떻게 건물 단위의 결과물을 낼 것인가는 기후변화 시나리오에 기반하여 국가 단위에서 지자체로 연구를 수행하고 있다. SSP 시나리오는 기본적으로 SSP1부터 SSP5까지로, 5단계로 나뉜다. SSP1이 가장 긍정적인 시나리오이며, SSP5는 가장 최악의 시나리오라고 할 수 있다.

현재 사회과학을 데이터 건물단위의 상세화 데이터로 2100년 구축하기 위해서 2가지 유형의 모델을 개발했으며 이는 공간 상세화 모델과 미래 추정 모델이다. 공간 상세화 모델은 국가 단위에서의 데이터 혹은 시·군·구 수준에서의 데이터를 건물이나 1km × 1km 데이터로 공간 상세화 작업을 하는 것이다. 미래 추정 모델은 2100년까지의 사회경제지표를 추정하는 모델이다. 그 이외에 추가적으로 시스템 다이내믹스 모델 구축을 통해 코로나 이전(2019년까지)까지의 지자체 데이터를 바탕으로 향후 2100년까지 어떤 인구 및 사회경제 그리고 토지이용에 대한 변화가 발생할지를 시뮬레이션하고 이를 기본 데이터베이스인 건물단위 상세화 데이터의 값에 근거해 시뮬레이션 데이터의 공간상세화도 진행하고 있다. 요약하면, 두 가지 (1km × 1km 전국/건물 단위 세 지자체) 기본 시나리오에 맞는 데이터를 구축하고 이를 글로벌 시나리오에 부합하는 SSP1~5 기반 시나리오로 구축한 SSP시나리오 데이타베이스, 지자체 수준에서 SSP1~5를 시스템 다이내믹스를 통해 시뮬레이션 결과물을 저장하는 SSP시나리오 시뮬레이션 데이터 결과, 그리고 지자체 정책을 시스템 다이내믹스에 적용하여 이를 SSP 시나리오 데이터베이스와 결합한 정책 시뮬레이션 데이터 결과도 구축하고 있다. 이에 최종적으로 기본 데이터베이스, SSP 시나리오 데이터베이스, SSP기반 시뮬레이션 데이터베이스, 그리고 정책 시뮬레이션 데이터베이스 등 총 네 종류의 결과물 기반데이터베이스를 구축하여 이를 지자체에 시연하여 활용도를 높일 계획이다.

이 과정에서 건물 단위의 탄소배출 지표를 만들지만, 전체적인 탄소배출지표가 아니라 산업별로 구분된 탄소배출 지표를 구성하고 있다. 현재 33개에 해당하는 산업별 데이터는 가용 데이터의 부족으로 산업분류 범위를 조금 더 넓혀 서비스업 제조업 등과 같이 재구성하여 수행하고 있다. 현재는 1단계까지는 진행되었으며, 2단계는 2025년부터 2년 동안 진행할 예정으로 있다. 이러한 연구가 소프트웨어 형태로 출시되어

◆ 연구 개요 (건물단위 탄소배출량 추정)

지자체에서 직접 건물단위 탄소배출 지표가 어느 정도로 감소하는지 시뮬레이션을 할 수 있도록 하여 지자체에서 유용하게 활용할 수 있는 정책적 효과를 기대한다.

 한국형 SSP 시나리오

한국형 SSP 시나리오 개발을 통하여, 글로벌 표준에 부합하는 우리나라 표준이 어느 정도인지 측정하는 연구도 동시에 진행하고 있다. 실제로 전국 단위 데이터 구축과 관련 있는 프로세스로, 온실가스 배출 산정을 함에 있어, 우리나라는 현재 직접배출과 간접배출 방식을 법정의무 산정방식으로 진행하고 있다. 직접배출은 열을 공기 중에 배출하는 직접적 탄소배출량이고, 간접배출은 전기 등을 통해 간접적으로 온실가스를 배출하게끔 한 것을 측정한다. 그 외 기타 간접배출은 모든 인간의 사회경제 활동과 관련된 탄소배출량을 의미하는 것으로 전체 탄소배출량의 70% 이상을 차지하는 것으로 보고되고 있다. 본 과제를 통해서 건물단위 온실가스 배출을 주거지역·비주거지역에 대해 세 종류의 온실가스 배출지표를 산출하여 지자체 및 기업이 발생시키는 온실가스 배출량을 누락없이 계산하고 미래 SSP 시나리오 및 탄소감축정책이나 탄소흡수증대정책에 대한 평가 모델을 제시할 예정이다.

본 연구는 시범적으로 세 개 지역을 선정하여 운영하고 있으며, 광역시 단위에서 울산광역시와 기초 지자체의 경우 순천과 서산을 선정하였다. 이는 해변가와 산업위치를 동시에 고려했으며, 이번 연구를 통하여 의미 있는 결과물이 나올 것으로 예상된다.

아래 그림을 통해 보면, 울산 지역은 산업 온실 가스 지표에 대해 1킬로미터 격자 데이터의 경우 2025년부터 2100년까지 인구 기반의 흐름에 기반할 경우, 전체적으로는 온실 가스가 감소하는 형태로 보여진다.

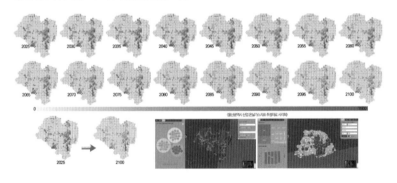

❯ 연구 결과 시각화 – 울산 : 1KM 격자 데이터 (산업 온실가스 지표)

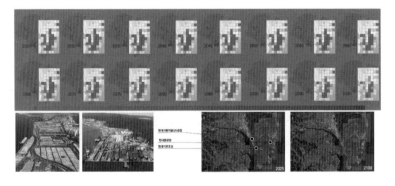

❯ 연구 결과 시각화 – 울산 동구 : 1KM 격자 데이터 (산업 온실가스 지표)

또한 울산 동구 지역의 1KM 격자 데이터의 결과물을 보면 현재 2025년 결과물이 2100년이 되면 감소하는 결과를 보여준다. 이는 현대자동차 생산공장, 현대중공업, 미포조선 시험 등에 대한 부분이 2100년에는 달라질 수 있다는 것이 기본 데이터베이스를 통한 결과물이다.

뿐만 아니라, 어떤 정책이 추진되어도 기술혁신을 통해 보완했을 때, 앞으로 어떻게 변화할 지에 대해서 시뮬레이션 가능하다. 최종적으로 진행하고자 하는 연구는 시범지역이 미래에 2030, 2040, 2050년에 대한 목표 기반으로 그 목표에 대한 결과와 감축 효과가 어느 정도 될지 등을 추상적인 목표치가 아니라 구체적인 데이터에 기반해서 글로벌 표준에 따른 결과물로 도출하는 것이다. 현재 국내를 대상으로 미래 탄소배출량 측정 연구를 진행하는 것을 주요국으로 넓혀 연구를 수행하여 글로벌 기후변화 대응에 기여하는 연구를 지속적으로 진행할 계획이다.

06

기후기술 혁신의 열쇠: 대중의 이해와 지지

여준호 국가녹색기술연구소 연구원

'기후변화'란 현대 사회에서 가장 뜨거운 감자 중 하나이며, 많은 사람들에게 익숙한 표현일 것이다. 기후변화는 1900년 초반 처음 그 개념이 등장한 이후 시시각각 그 위험도를 더해온 바 있으며, 현대에 이르러서는 단순히 환경에만 국한된 것이 아닌 경제, 사회, 정치 등 인간계 전반에 걸쳐 막대한 영향을 미치는 심각한 위협으로 인식되고 있다. 이는 인류의 산업 발전과 더불어 더욱 가속화되면서, 최근에 이르러서는 이미 파리기후협약에서 제시한 목표치인 1.5℃를 넘어서 2℃ 돌파를 목전에 두고 있다. 2023년 7월 개최된 제78차 유엔 기후목표 정상회의에서 안토니우 구테흐스 유엔 사무총장은 "지구온난화(Global Warming)의 시대는 끝났다. 이제 지구가 끓어오르는 '지구열대화(Global Boiling)'가 도래했다"라고 경고하며 기후변화의 심각성을 강조한 바 있다. 이를 해결하기 위해, 기후위기를 극복하기 위해 특화된 기후기술의 개발과 확산은 전 국가적으로 달성해야만 하는 핵심목표로 떠올랐다.

2015년 파리협정 체결 이후, 유엔을 비롯한 국제사회는 탄소배출 감축을 위한 지속가능한 개발목표(SDGs)를 설정하고, 이를 달성하기 위해 기후테크 분야의 연구개발을 지속적으로 강조해 온 바 있다. 이와 같은 국제적 흐름에 따라, 주요국들은 탄소배출 저감과 기후위기 적응을 위한 기술혁신에 집중하며, 핵심기술 확보를 위해 경쟁하고 있다. 이는 즉, 이후 글로벌 시장의 패러다임이 기후기술로 전환되었음을 시사함과 동시에, 기후기술의 확보는 향후 국가 경쟁력을 좌우하는 핵심 요소로써 작용할 것이라는 점을 나타낸다.

기후기술에 대한 인식과 관심의 증가는 자연스레 투자자들의 이목을 끌었으며, 이에 따라 기후기술 시장 또한 전 세계적으로 가파른 성장세를 보이고 있다. 한국무역협회에서 발간한 "기후테크 산업동향 및 우수 기업 사례를 통해 본 성공전략" 보고서에 따르면, 글로벌 기후테크 산업은 2016년 약 169억 달러에서 2032년 기준 약 9배 성장한 1,480억 달러까지 성장할 것으로 전망된다. 이로 미루어 보아, 현재 기후기술 시장이 규모와 경쟁력 면에서 빠르게 발전해 왔음에도 불구하고, 여전히 가파른 성장세를 보일 수 있는 잠재력을 가지고 있음을 시사한다. 특히, 탄소중립을 위한 활동이 기업 가치의 증진과 연동되면서, 장기적으로 기후테크 시장은 더욱 성장할 것으로 전망된다. 즉, 미래 글로벌 시장에서는 기후기술이 당당히 주요 먹거리의 한 자리를 차지할 것이다.

기후기술 개발에 대한 전 지구적인 투자 강세는 고무적이나, 이를 통해 확보한 기후기술을 성공적으로 실생활에 적용하고 확산해 나가기 위해서는 대중의 이해와 수용이 필수적이다. 기술의 진보가 아무리 빠르고 획기적이라 하더라도, 그것이 대중에게 받아들여지지 않는다면 그 기술은 '죽은 기술'이 될 수밖에 없다. 최근 널리 상용화된 전기차나 신재생에너지 발전 설비의 도입 역사에서도 찾아볼 수 있다. 전기차가 처음 등장했을 때, 성능과 안전성에 대한 의문, 충전 인프라 부족, 높은 초기 비용 등으로 소비자들은 매력보다는 우려를 나타내며 새로운 기술을 받아들이기를 주저하였다. 신재생에너지 설비 또한 태양광 패널의 미관 문제와 풍력 발전소의 소음 공해에 대한 우려로 지역 사회에서 반대 목소리가 높았다. 그러나 기술이 시시각각 발전해옴과 동시에 정부의 지원이 더욱 확대되고 환경 보호에 대한 대중의 관심이 커지면서, 전기차와 재생에너지 설비는 현재는 자연스럽게 우리 일상에 들어와 쉽게 찾아볼 수 있는 '일상 기술'의 일환이 되었다. 앞선 사례에서 볼 수 있듯이, 새로운 기후

기술을 도입하기 위해서는 기술적 진보와 정부의 적극적인 정책을 통한 초기 기술 견인, 대중의 인식 변화가 필수적이며, 세 요소가 한데 어우러져 하모니를 만들어낼 때 기후기술의 성공적인 확산을 도모할 수 있다.

이 중 대중의 인식 변화와 이를 통한 기후기술에 대한 수용성을 증진하기 위해서는 정부가 적극적으로 그 기반을 조성해줄 필요가 있다. 먼저, 기후기술에 대한 대중의 신뢰성을 제고할 수 있는 법·제도적 프레임워크를 구축할 필요가 있다. 동 프레임워크를 통해 정보를 제공할 경우, 투명성과 공정성은 반드시 담보되어야 하며, 이를 기반으로 실효성 있는 정책적 지원을 제공하여야 국민들로 하여금 기술에 대한 신뢰도와 이로 인한 이익을 동시에 체감하게끔 할 수 있다. 그 일례로 가장 널리 활용되고 있는 제도 중 하나가 바로 녹색인증제도이다. 녹색인증제도는 비단 우리나라뿐만 아니라 범국가적으로 활용되고 있는 가장 기본적인 형태의 신뢰성 증진 수단의 하나로, 충분히 홍보가 이루어진다면 가장 직관적으로 기술의 우수성을 표시할 수 있는 제도이다. 이를 통해 정부는 단순히 해당 기술 혹은 분야가 기후기술 분야 해당 여부를 제시할 수도 있고, 더 나아가 탄소배출량 감축에 대한 기여분 정도를 평가하여 등급으로 나타내어 해당 기술·산업·상품·서비스에 대한 국민의 이해를 증진하는 데 기여할 수 있다. 이에 더해, 정부는 시행 중인 제도와 시스템에 대한 맞춤형 평가 지표를 개발하고 효과적인 홍보를 수행할 수 있는 정보 공유체계를 구축할 필요가 있다. 이 과정에서 정책입안자는 민간 전문가, 비정부 기구(NGO), 시민 사회 조직(CSO)과 협력하여 양방향 커뮤니케이션을 기반으로 홍보 전략을 구축함과 동시에, 홍보 정책을 지속적으로 개선하기 위한 정기적인 정보 공유 및 평가 시스템을 마련하여야 한다.

기후기술의 확산에는 강력한 네트워크와 생태계 조성 또한 중요하다. 정부는 산업계, 학계, 그리고 스타트업 생태계가 협력할 수 있는 환경을 마련하여 기후기술의 상용화를 촉진해야 한다. 이와 같은 대표적인 예시는 바로 미국의 실리콘 밸리이다. 실리콘 밸리는 혁신적 기업들과 투자자, 연구기관이 상호작용하며 혁신을 촉진하는 대표적인 생태계이며, 그 우수성은 이미 수십 년간 익히 증명한 바 있다. 기후기술 분야에서도 이러한 모델을 참고하여, 대기업과 스타트업, 학계 간의 협력을 통해 연구개발에서 시장 진출까지의 과정을 촉진하는 기후기술 허브를 구축하여 기후기술의 개발부터 상용화까지 전 주기적으로 지원할 필요가 있다. 이를 통해 기후기술이 단순한 아이디어에서 벗어나 실질적인 솔루션으로 빠르게 전환될 수 있는 발판을 마련해야 하며, 그 과정에서 모든 이해관계자들이 유기적으로 협력하며 시너지를 극대화할 수 있는 네트워크를 마련해줄 필요가 있다.

혁신적 사고를 장려하고 인재를 양성하기 위한 교육 프로그램 도입도 필수적이다. 기후기술이 실질적인 변화를 일으키기 위해서는 관련 기술을 이해하고 이를 효과적으로 활용할 수 있는 전문 인력이 필요하다. 정부와 기업은 혁신을 촉진할 수 있는 교육 프로그램을 운영하여 차세대 인재를 양성하는 데 집중해야 한다. 예를 들어, 국가 간 기후변화 대응 기술 협력과 개발도상국에 대한 지원을 전담하는 기술 메커니즘의 이행기구인 유엔 기후기술 센터 및 네트워크(CTCN)는 기후변화 대응 기술의 확산에 있어 역량 강화를 핵심요소 중 하나로 제시하고 있다. 이를 위해, CTCN은 개발도상국에 기후기술 워크숍과 교육 프로그램을 제공하여 현지 전문가들이 기술을 습득하고 활용할 수 있도록 지원하고 있다. 우리나라 또한 이러한 국제적 교육 모델을 참고하여, 재생에너지, 탄소 포집 기술, 스마트 농업 등 다양한 기후기술 분야에서 전문 인력을 양성하는 맞춤형 교육 과정을 마련할 필요가 있다. 이는 단순히 기술을 이해하는 것을 넘어서, 실질적으로 기후변화 해결사 역할을 할 수 있는 전문가를 배출할 수 있는 중요한 기반이 될 것이다.

대중의 참여를 촉구하기 위해서는 다각적 접근도 필요하다. 즉, 기술이 단순히 환경 보호나 기후위기 대응이라는 대의명분을 위해서 필요하다는 부분만 강조할 것이 아니라, 국민 개인에게 그리고 국가적으로도 실질적 혜택을 제공할 수 있다는 부분을 부각해야 한다. 예를 들어, 에너지 자급자족 모델이나 전기차 보조금 제도와 같은 정책은 대중이 직접 기후기술을 체감하고 참여할 수 있는 기회를 제공함과 동시에, 실질적으로 이득을 제공할 수 있어 지속가능한 참여를 이끌어내는 데 중요한 역할을 한다. 기후기술 확산을 위한 정책 수립 시 대중이 기술의 혜택을 경험할 수 있도록 다양한 인센티브와 참여 프로그램을 포함할 필요가 있으며, 기후기술 펀딩 캠페인이나 친환경 생활 실천 운동 등으로 시민들의 자발적 참여를 이끌어내는 것도 고려해야 한다.

기후기술의 성공적인 도입은 단순한 기술 혁신을 넘어, 새로운 산업과 일자리 등 경제적 기회 창출과 생활 방식의 근본적인 변화를 동반하는 과정이다. 그러나 이 기술이 진정한 성과를 거두기 위해서는 단순히 기술적 우수성만으로는 부족하다. 대중이 이 기술의 가치를 인식하고 이를 적극적으로 받아들이며 일상에 적용할 때, 비로소 기술은 본연의 역할을 다할 수 있다. 대중의 이해와 수용이 기후기술의 확산과 성공을 결정짓는 핵심 요소가 되는 이유도 여기에 있다. 대중을 중심으로 정부, 기업, 시민 사회가 함께 협력적인 접근을 취할 때, 우리는 기후기술을 우리 일상생활로 자연스럽게 받아들일 수 있을 것이다. 정부는 정책적 지원과 규제를 통해 기술의 도입을 촉진하는 한편, 기업은 혁신적인 기술 개발과 시장 공급에 주력하고, 시민 사회 역시 기술에 대한 대중의 인식을 높이고 이를 수용할 수 있는 사회적 분위기를 조성할 때, 대중의 수용성과 참여는 기후기술이 사회 전반에 걸쳐 녹아 들어 그 잠재력이 발휘될 수 있는 기반을 마련해줄 수 있을 것이다.

올해 여름은 유난히 더웠다. 기상청이 발표한 '2024 여름철 기후특성 분석'에 따르면, 올해 여름은 기온, 열대야 일수, 시간당 강수량, 해수면 온도 모두 1위를 기록하며 '역대 최악의 여름'으로 불릴 것으로 예상된다. 이제 기후변화는 단순히 먼 미래의 이야기가 아니라, 우리 일상에 한걸음 더 성큼 다가와 있는 '현재'의 이야기인 것이다. 앞으로 급변해가는 기후 속에서 기후기술은 선택이 아닌 필수이다. 다만, 기후기술의 성공은 단순히 새로운 기술을 개발하는 데서 그치지 않는다. 그 기술이 사회 전반에 걸쳐 널리 수용되고, 일상 속에서 활용될 때 진정한 성과를 얻을 수 있다. 이는 단순한 기술 도입이 아닌, 우리 삶의 방식과 사회 구조를 근본적으로 변화시키는 과정으로, 대중의 수용성과 참여가 그 변화를 완성하는 열쇠가 된다. 기후기술은 대중의 지지와 함께해야만 그 잠재력을 온전히 발휘할 수 있으며, 이러한 협력적 노력이 있을 때 기후변화에 맞서 보다 지속가능한 미래를 만들어갈 수 있을 것이다.

2장

한국의 기후테크 기업과 스타트업은 기후 혁신을 실현하는 선두주자입니다. 이 장은 글로벌 무대에서 활약 중인 한국의 기후테크 스타트업들이 채택한 국제 진출 전략을 다루고, 탄소 성과 인증과 투자 유치 전략을 심층적으로 탐구합니다. 이들은 기후 위기 시대에 한국 경제와 산업 구조를 지속가능하게 재편하는 핵심 주체이며, 대한민국이 '그린 경제'를 선도하는 데 중추적인 역할을 하고 있습니다.

기업과 스타트업의
기후테크 전략

대한민국 기후테크 스타트업의 글로벌 진출 전략
: 글로벌 기술 스케일업(실증) 지원 사례를 중심으로

최규선 아주대학교 교수

> ### 전 세계적 기후 위기와 기후 기술 중심의
> ### 글로벌 공급망 재편 상황 속
> ### 기후테크 스타트업이 하나의 열쇠가 될 수 있는 이유

　기후 위기는 인류 생존에 필수적인 삶의 터전과 먹거리를 위협하고 이는 세계적인 에너지, 식량안보에 이르는 경제·무역 전반에 지대한 영향을 미치고 있다. 특히, 기후변화 그 자체가 주는 영향력만큼이나 이에 대한 주요 강대국들의 대응이 주는 영향력도 무시할 수 없다. 기후변화의 영향력을 누구도 부인할 수 없는 시기가 도래하고, 위기감에 대한 공감대가 커질수록 이에 조금이라도 대응하기 위한 새로운 법규와 정책적 대응 수위는 높아져만 가기 때문이다.

　문제는 Clean Tech 차원에서 에너지 문제에 국한하여 대응을 해오던 과거와 달리 최근에는 보다 광범위한 분야에 기술·경제·사회적 글로벌 규제를 강화하였다는 데 있다. 기후변화에 대응하는 영역의 목표를 17가지 SDG(Sustainable Development Goals)로 규정하고, 관련 대응 기술 분야도 5가지 영역(클린테크, 카본테크, 에코테크, 푸드테크, 지오테크)의 기후테크(Climate Tech)로 구성하였다는 점이 이를 설명한다. 그리고 이러한 변화에 가장 취약한 국가이자 가장 큰 변화의 기로에 있는 국가가 바로 대한민국이다. 전 세계적으로 가장 높은 수준의 수출의존도를 보이고, GDP 대

비 제조업 비중이 높은 산업 국가이기 때문이다. 실제 미국과 유럽 등 강대국들이 중국 등 신흥 제조·수출국들의 기술 패권 도전에 맞서 자국 중심의 보호무역을 강화하는 행태가 지속 관측된다. 비교적 선진화된 기후 기술을 기반으로 강력한 제조 무역 장벽을 세우고, 자체 기술 주권을 더욱 공고히 하려는 움직임이라는 견해에 무게가 실리는 이유다.

2050년까지 대기 중 온실가스 농도 급증을 막고자 인류 활동에 따른 배출량을 감소시키고, 흡수량을 증대하여 순 배출량이 '0'에 수렴되도록 하는 넷 제로(Net-zero), 탄소 중립을 달성하기 위해 대표적으로 키우는 영역이 기후테크 영역이다. 한편, 이를 위해서는 현재보다 기후테크 분야 기술 수준이 훨씬 더 가공할 수준으로 발전하고, 혁신되어야 한다는 주장의 논리는 이러하다. 현 정책과 기술 수준이 유지되어 향후 30년간 기술혁신이 일어나지 않는다고 가정할 때, 현 상용화 기술로 감축할 탄소 배출량은 2050년도 글로벌 총 예상 배출량(60Gton) 중에 절반에 못 미치는 수준(43.3%, 26Gton)에 불과하다. 이는 산림, 습지 등 자연 기반 탄소 흡수량과 인구변화 또는 인류의 탄소발자국 저감을 위한 행동 변화로 인한 탄소 감축량을 제외하더라도 결국 총 25Gton의 탄소를 줄여야 한다는 의미이다. 즉, Net Zero 달성을 위해 필수적으로 해결해야 하는 25Gton을 어떻게 해결할 것인가에 중심에 해결책은 결국 앞으로 성공해야만 하는 성공적인 신기술의 개발과 상용화에 달려있다.

이 지점에서 전통적인 규모 있는 기업들이 아닌 스타트업이 거론되는 이유는 앞으로 해결해야 할 기후 기술 난제들은 전혀 다른 새로운 기술적 플랫폼과 표준을 요하기 때문이다. 이러한 방식은 기존의 기업 업무 프로세스, 의사결정 체계로는 이해되지 않을 새로운 생태계를 요구한다. 신속한 시장 대응능력(Agility)으로 과거에 존재하지 않았던 실험을 빠른 속도로 전개해 실패를 반복할 수 있는 기업이어야 하면서, 대규모 투자를 감수할 수 있어야 하며, 기존 파트너들에 의존하지 않고 새로운 파트너들과 이해관계자들과 함께 생태계를 자체적으로 조성할 수 있어야 한다. 전통기업보다는 스타트업에 해당하고, 일반 스타트업이 아닌, 아직은 볼 수 없었던 기후 기술을 중심으로 큰 규모의 투자와 리스크를 감당할만한 딥테크 스타트업이어야만 하는 이유다. 엄밀한 관점에서 기후테크 스타트업이라 볼 수는 없지만, 기존과 전혀 다른 기술 플랫폼 중심으로 비즈니스 생태계를 조성한 테슬라와 같은 기업이 예시가 될 수 있다. 단순히 기술혁신 성과만 이룩하지 않고, 사회, 문화, 인류 행동양식 전반의 변화를 촉발하는 시대정신을 만들 수 있는 기후 기술 스타트업이 그리고 이러한 스타트업이 소재한 국가가 앞으로의 기술 패권을 주도할 것이다.

국내 기후테크 스타트업 현황 및 글로벌 비교·분석 결과, 대한민국은 기후테크 분야 투자와 정책 확대가 시급한 상황

한국의 기후테크 스타트업 현황을 글로벌과 비교해보면, 성장 속도가 상대적으로 더딘 상태이다. 국내 기후테크 스타트업은 전체 스타트업의 4.9%에 불과해 아직 초기 단계에 머물러 있다. 16개 국가를 대상으로 전체 스타트업 중 기후테크 스타트업이 차지하는 비중을 비교한 결과에서도 한국은 가장 낮은 비율을 기록했다. 인도, 호주 등 평균 투자 규모가 비슷한 국가에서도 기후테크 스타트업 비중이 10%를 넘는 반면, 한국은 5%도 되지 않는다.

또한, 기후테크 유니콘 기업 비중을 살펴보면 한국은 0%로, 아직 기후테크 유니콘 기업이 없는 상태이다. 반면 미국, 중국, 스웨덴은 각각 45개, 19개, 5개의 기후테크 유니콘 기업을 보유하고 있어, 한국의 질적인 규모가 현저히 부족함을 알 수 있다. 글로벌 경쟁력을 갖추기 위해 국가 차원의 지원책 마련이 시급한 이유이다.

이는 단순히 스타트업의 개수, 양적인 차원에 국한한 이야기가 아니다. 한국의 기후테크 스타트업 투자 규모 역시 글로벌 대비 현저히 낮다. 2022년 기준으로 한국의 기후테크 스타트업 투자 규모는 상위 10개국 평균 투자 규모 대비 7.5배 이상 차이가 난다. 스타트업 코리아가 2023년 12월 발표한 정책제안 보고서는 2018년부터 2022년까지 누적 투자금액을 각 국가의 총 스타트업 수로 나눈 값을 비교할 때, 한국의 기후테크 스타트업 1곳당 누적 투자금액은 45억 원으로, 상위 10개국 평균인 171억 원 대비 3.8배 이상 차이가 발생함을 문제로 지적했다. 이와 같은 차이를 극복하기 위해서는 투자 매력도를 높이고 시장 활성화를 위한 방안을 마련해야 한다. 물론, 한국도 다양한 정책적 노력을 기울이고 있다. 하지만 글로벌 경쟁력을 갖추기 위해서는 이러한 정책들을 더욱 강화할 필요가 있겠다.

대표적으로 기후테크 육성을 적극 추진 중인 유럽 지역은 기후테크 테마의 각종 산업이 투자 영역 중 세 번째로 많은 비중을 차지한다. 비록 2023년 들어 국제경제 여건에 따라 전반적인 산업 투자가 후퇴되고 있지만, 기후테크 산업은 Top 3 투자 영역 중 가장 영향을 덜 받고 있다. 특히, 주목할 점은 기후테크 중에서도 교통 분야에 가장 큰 투자가 집중되고 있다는 것이다. 교통 부문에 탄소 배출량 비중 대비 투자가 큰 이유는 이 시장이 이미 열려 있어 사업화가 진행되고 있고, 신기술의 상용화가 가장 집중적으로 이루어지고 있기 때문이다. 물론 서비스업을 중심으로 발전한 유럽이 아직까지 GDP 대비 제조업에서 높은 비중으로 포기할 수 없는 영역이 미래 모빌리티 분야인 점도 감안해야 하겠다. 주로 모빌리티 분야에 큰 투자를 이어가고 있는 국가가 폭스바겐, 벤츠, BMW를 보유한 독일인 점은 이를 증명한다.

미래를 위해 다른 부문에 대한 기후 기술에 대한 투자도 필요하겠지만, 유럽과의 협력에 있어서는 이러한 교통 부문에 대한 투자와 협력체계 구축이 굉장히 중요할 것이다. 모빌리티를 중심으로 협력을 시작해 기후 기술 전반으로 공조체계를 굳건히 다져가는 전략을 제안하는 이유다. 필자의 경우도 모빌리티 영역의 국내 딥테크 스타트업을 유럽으로 진출시키는 정부 지원 사업을 운영한 이력이 있다. 다음으로는 해당 사업을 중심으로 정부 지원사업을 활용한 기후테크 스타트업의 글로벌 진출 전략에 대해 논하고자 한다.

 대한민국 기후테크 스타트업의 글로벌 진출 전략: 첨단과학기술기업 글로벌 협력 스케일업 R&D 지원 사례를 중심으로

필자는 지난 2023년 11월 독일 프라운호퍼 IMW(국제지식경제연구소) 기관장과 독일 현지 IMW 청사에서 한-독 양국 딥사이언스 스타트업의 글로벌 진출 확산에 협력하는 내용을 골자로 한 업무협약(MOU)을 체결했다. 협약은 필자가 근무했던 한국과학기술지주와 프라운호퍼 IMW 간에 이루어졌으며, 한-독 수교 140주년 성격으로 정부 간 협의를 바탕으로 추진되었다. 프라운호퍼 IMW는 프라운호퍼 76개 연구소 중 기술의 사업화를 중점 추진하는 기관으로 기업의 국제화, 혁신, 지식, 기술 이전 등을 종합 지원한다. 한국 딥테크 스타트업들이 유럽 시장에 진출하려면 기술 검증 실적, 제품 인증 실적이 필수적이다. 따라서 현지의 제품 테스트, 기업 인증 확보 등이 필수인데, 기존에는 이를 지원하는 시스템이 실질적으로 부재했다. 하지만 금번 독일 프라운호퍼 연구소와의 업무협약으로 향후에는 양국 간 딥사이언스 기업의 해외 기술 스케일업(PoC, Pilot Test 등 기술 실증)이 가능해졌다.

특히 이번 협력은 독일과의 협력이기에 더욱 그 의미가 크다. 독일은 유럽 내 최대 규모 시장일 뿐 아니라 유럽의 심장부에 위치한 전략적 요충지이자, 유럽 시장 진출의 교두보로 여겨진다. 국내 대표적인 딥사이언스 스타트업들이 독일을 거점으로 유럽 시장에 진출할 수 있는 토대가 마련됐다고 봐도 과언이 아닌 배경이다. 필자는 2023년도에 KST를 대표해 국내 10개 딥테크 스타트업을 대동해 IMW와 유망 딥사이언스 기업의 글로벌 역량 강화 협력 프로그램을 현지에서 시범 추진했다. 공개모집을 통해 선정한 모빌리티 분야 기업들은 독일에서도 중심부에 위치한 프랑크푸르트와 동독 지역에 해당하는 라이프찌히에서 시행된 교육프로그램에 참여했다. 세부적으로는 해외 기술사업화와 인터내셔널 비즈니스 모델링 전략, 해외 커뮤니케이션, 유럽 시장분석, GDPR, 글로벌 펀딩 등에 대한 다대다, 1:1 코칭을 받았다. 올해 2024년부터는 IMW를 매개로 프라운호퍼에서 국내 딥테크 스타트업들이 현지 기술·제품 실증 R&D, 공동 기술 실용화 협력을 지원한 바 있다.

기후테크 스타트업 해외 투자 유치 전략
: CES 2024를 중심으로

김현성 킴벤처러스 대표이사

CES2024에서 기후테크 스타트업의 활약상

매년 1월 첫째 주 미국 라스베가스에서 개최되는 CES 행사(www.ces.tech)는 기술 산업에서 가장 중요한 연례 행사 중 하나로 평가받고 있다. CES는 매년 전 세계 130개국에서 15만명 이상이 모이는 전시회로서, 최신 기술 트렌드와 혁신을 선보이는 글로벌 기업들의 잔치이다. 이런 세계적인 행사에서, 올해 기후테크 스타트업 중 우리가 주목해야할 기업은 어디가 있을까?

1) EarthEn

EarthEn(www.earthen.energy)은 신재생 에너지의 간헐성 문제를 해결하고 지속가능한 에너지 미래를 실현하는 에너지 스토리지 스타트업으로서, CES 2024에서 개최한 Deep Tech Climate Innovations Startup Challenge의 최종 우승자이다.

핵심기술은 이산화탄소(CO_2) 기반의 열기계적 에너지 저장 기술을 사용하는 것으로서, 이 기술은 폐쇄 루프에서 활용하는 CO_2를 통해 24시간 지속적으로 신재생 에너지 공급을 가능하게 하여 전력망 회복력을 높이고 완전한 재생 에너지 그리드를 구현한다.

EarthEn은 이산화탄소가 액체와 기체의 특성을 동시에 가지는 초임계 상태의 이산화탄소를 사용하는 것이 특징이다. 초임계 CO_2를 폐쇄 루프 시스템 내에서 사용하는데, 이를 통해 CO_2가 시스템 외부로 방출되지 않고 계속해서 재사용할 수가 있다. 전력이 남을 경우에, 시스템은 CO_2를 압축하고 가열하여 에너지를 저장한다. 전력이 필요할 때는 저장된 CO_2를 팽창시켜 터빈을 돌려 전기를 생산한다. 초임계 CO_2는 높은 밀도와 낮은 점도를 가지고 있어, 컴팩트한 시스템 설계가 가능하고 에너지 변환 효율이 높다. 이러한 방식으로 EarthEn은 CO_2를 에너지 저장 매체로 활용하여 재생에너지의 간헐성 문제를 해결한다. 또한 EarthEn의 시스템은 대기에서 포집한 CO_2를 활용할 수 있어, 간접적으로 탄소 저감에 기여할 수 있다.

2) RePG

RePG는 불포화 공기를 에너지원으로 사용하여 삼투압과 확산 원리로 전기를 생산하는 기업이다. 불포화 공기란 상대습도가 100% 미만인 공기를 의미하며, RePG는 두 원리를 공기 중의 수분과 열 이동에 적용하여 전기를 생산한다. RePG는 공기 흐름의 힘을 직접 전기 에너지로 변환하는데, 이 과정에서 잠열(Latent-Heat)과 폐열(Waste-Heat)을 재생 에너지원으로 활용한다. RePG는 자연의 원리를 모방하여 효율적이고 친환경적인 방식으로 전기를 생산하며, 이 기술은 기존의 발전 방식인 터빈이나 발전기를 사용하지 않는, 완전히 다른 접근법을 취하고 있어, 에너지 생산의 새로운 패러다임을 제시할 수 있는 잠재력을 가지고 있다.

3) 미드바르

세 번째 주목할 기업은 CES2024에서 최고혁신상을 수상한 한국 스타트업인 미드바르이다. 미드바르는 히브리어로 광야라는 뜻으로, 2020년 한국과 이스라엘에서 학업과 창업 과정을 마친 서충모 대표와 다니엘 박 공동창업자가 설립한 스타트업으로서 사막화와 물 부족 문제를 해결하기 위한 에어로포닉스 기반 스마트팜 '에어팜'을 개발했다. '에어팜'은 흙이 없는 상태에서 공기 중에 뿌려지는 물안개를 양분으로 식물을 자라게 하는 공기주입식 스마트팜 시스템으로, 전쟁이나 재난으로 폐허가 된 지역은 물론 사막과 우주에서도 식물을 키워낼 수 있는 최첨단 기술이다.

에어팜의 핵심이 되는 에어로포닉스는 공기 중에서 식물을 기르는 기술로서, 지지대를 세우고 이 곳에 식물을 심고, 식물의 뿌리만 노출하도록 고정한다. 노출된 뿌리에 물과 영양제를 섞어 안개처럼 분무하게 되면 뿌리가 산소, 물과 영양제를 많이 빨아들여 식물이 더 빨리, 잘 자라는 원리이다.

에어로포닉 시스템은 기존 농업보다 99% 적은 물을 필요로 하고, 일반적인 수경재배 시스템보다 90% 적은 물로 작물을 재배할 수 있다. 또한 에어로포닉 시스템에서 자란 식물은 일반 수경재배보다 1.5배 더 빨리 자라며, 일반 재배보다 더 많은 미네랄과 비타민을 흡수하여 식물을 더 건강하고 영양가가 높다.

CES 2024는 기후테크 스타트업들이 글로벌 도전 과제를 해결하기 위해 혁신적인 솔루션을 개발하고 있음을 보여주었다. 이러한 기업들의 활약은 지속가능한 미래를 향한 기술 산업의 노력을 잘 보여주고 있으며, 기후변화 대응을 위한 기술 혁신의 중요성을 강조하고 있다.

 기후테크 스타트업의 투자유치 전략

기후테크 스타트업이 투자 유치를 위해 가장 중요한 전략은 무엇일까? 먼저 기후테크 분야가 아직 검증되지 않은, 리스크가 높은 기술과 시장으로 구성되어 있으므로, 리스크 맵핑과 투명성 확보가 매우 중요하다. 잠재적 리스크와 기업의 현재 견인력에 대해 투자자들에게 투명하게 공개해야 하며, 특히 공급망 파트너십, 미래 공급업체, 협력사, 기술적인 백그라운드를 설명해줄 연구자 및 관련 대학/연구소와의 연계, 고객과의 초기 계약 체결이 중요하다.

최근 보수적인 벤처 투자시장에서 초기 스타트업이 투자유치를 하는 것은 쉽지 않으나 선행기술을 찾는 벤처투자사들에게 있어 기후테크 스타트업은 앞으로 높은 성장이 기대되는 기후시장의 핵심 플레이어로서 매력을 가지고 있다. 이를 위해 기후테크 스타트업들이 주목해야 할 것이 스타트업 업계 용어로 PMF(Product-Market Fit)라고 하는 제품 개발과 실제 고객과의 연결 등에 대한 수행 실적이다. 보다 빠른 시장 진입을 위해, 시장(고객)이 필요로 하는 최소 요구사항에 집중하는 것이 중요하다. 즉 모든 고객 니즈를 충족하기보다는 핵심 기능 개발에 주력하여 초기 고객을 확보하고 이를 통해 지속적으로 자사 제품 및 서비스에 대한 시장 검증을 통해 아이디어를 현실화하는 것이다.

기술개발 측면 외에도 창업자나 기업만의 고유한 스토리를 개발하여 투자자들의 관심을 끌어야 하는 것도 모두 창업자, 스타트업이 해야 할 몫이며, 이를 위해 CES, 에디슨 어워즈 등 글로벌 전시회 외에 Horizon과 같은 글로벌 R&D 프로그램 참여를 통해 잠재적 파트너 및 투자자들의 이목을 받고 적극적으로 기후테크 산업 생태계에 참여하여 네트워크를 확장하고 협력 기회를 모색해야 한다.

글로벌 기후·환경 분쟁 사례와 시사점

주신영 법무법인 엘프스 변호사

　　환경 문제 내지 분쟁을 해결하기 위한 수단에는 여러 가지가 있으나, 그 중에서도 전통적인 법리에 기반하여 판단하는 사법적 구제수단은 새로 부상하는 환경 이슈를 다루는 데 친숙하지 않은 것으로 여겨져 왔다. 그러나 최근 전 세계적으로 환경 문제의 심각성이 대두되면서 환경 분쟁을 법원에서 다루어 해결하고자 하는 새로운 시도들도 많이 이루어져 왔고, 그 결과 현재는 전통적인 환경 문제(대기오염, 수질오염, 토양오염 등) 외에 기후변화 등의 새로운 환경 문제를 다루는 소송에서도 유의할 만한 법원의 판단이 하나둘씩 나오고 있다. 본고에서는 이와 같은 국내외의 기후·환경 분쟁 사례들 중 주목할 만한 사례들을 정리하여 살펴보고 그 시사점을 정리해보고자 한다.

 국가의 기후변화 대응 목표에 관한 분쟁

1) 네덜란드 Urgenda Case (2019)

　　환경단체 Urgenda는 네덜란드 정부가 2020년말까지 온실가스 배출량을 1990년 대비 40% 수준으로 감축하거나 적어도 25% 감축할 의무가 있다는 이유로 그 이행 소송을 제기하였다. 이에 대하여 2019. 12. 20. 네덜란드 대법원은 네덜란드 정부의 불법행위에 관한 일반적 보호

의무 위반, 유럽인권협약 제2조(생명권), 제8조(사생활과 가족생활) 규정에 근거한 주의의무 위반을 인정함으로써 네덜란드 정부가 2020년말까지 2009년 대비 온실가스 배출량 최소 25% 감축할 것을 명하는 판결을 확정하였다. 정부의 온실가스 배출 감축 결정에는 상당한 재량이 있으나, 그러한 재량에 대하여 법원이 판단할 수 있음을 인정한 사건으로, 국가의 온실가스 감축목표를 다투어 처음으로 승소한 상징적 사건이다.

2) 독일 연방헌법재판소 연방기후보호법 헌법소원 (2021)

청소년 등이 주체가 되어 국가의 기후보호목표에 관한 연방기후보호법의 규정들이 기후대응 이행에 불충분하다는 이유로 헌법소원을 제기하였다. 이에 대하여 2021. 3. 24. 독일 연방헌법재판소는 연방기후보호법 제3조 제1항 제2문(2030년까지 최소 감축율을 1990년 대비 55%로 설정하는 내용) 등에 대하여 헌법 불합치 결정을 하였다. 본 결정에서는 국가의 기본권 보호의무 위반을 확정적으로 선언하지는 않았으나, 미래세대의 자유권적 기본권 침해를 인정하였고, 통시적 자유보장 개념 등 새로운 법리를 도입하여 국가 기후보호목표의 위헌성을 인정하였다.

3) 프랑스 파리 행정법원 세기의 사건 판결 (2021)

환경단체들이 프랑스 정부를 상대로 온실가스 감축의무 불이행에 따른 생태손해배상을 청구하였다. 이에 대하여 2021년 파리 행정법원은 프랑스 정부가 첫 번째 탄소예산을 지키지 못하고 총 1,500만톤의 온실가스를 추가 배출함으로써 생태손해가 발생하였고, 그 원상복구를 위하여 늦어도 2022년 12월 31일까지 그만큼의 온실가스를 추가로 감축하기 위해 필요한 모든 조치를 취할 것을 명령하였다. 또한 환경단체들이 청구한 정신적 손해배상 청구(상징적으로 1유로를 청구)도 인용하였다.

생태손해의 존재를 인정함에 있어 IPCC 보고서, 프랑스 국내 전문기관 연구 결과 등이 활용되었으며, 프랑스 정부 스스로 국제적, 국내적으로 약속한 의무 위반 행위와 생태손해의 인과관계가 인정되었다. 생태손해에 대한 국가 책임을 인정한 최초의 판결이자, 국가의 온실가스 감축목표 불이행의 문제를 전면적으로 다룬 첫 번째 기후소송으로 평가된다.

4) 우리나라의 기후변화 헌법소원 (2024)

2020. 3. 13. 청소년기후소송을 시작으로 구 저탄소녹색성장기본법, 탄소중립기본법 및 그 하위법령에서 정하는 우리나라의 온실가스 감축목표 규정이 불충분하고, 이로 인해 기본권(생명권, 건강권, 환경권, 행복추구권 등)이 침해되므로 해당 조항들이 위헌임을 다투는 헌법소원청구가 여러 건 제기되었다. 우리나라 헌법재판소에서는 위 헌법소원들을 병합하여 심리하고 있으며, 헌법재판소에서 이례적으로 공개변론을 택하여 2024. 4. 23.과 2024. 5. 21. 두 차례 공개변론이 진행되었다. 그 결과 2024. 8. 29. 헌법재판소는 정부가 '국가 온실가스 배출량을 2030년까지 2018년 국가 온실가스 배출량 대비 35퍼센트 이상의 범위에서 대통령령으로 정하는 비율만큼 감축하는 것'을 '중장기 국가 온실가스 감축 목표'로 하도록 규정한 탄소중립기본법 제8조 제1항은 2031년부터 2049년까지의 감축목표에 대한 어떤 정량적 기준도 제시하지 않은 점에서 기후위기에 상응하는 보호조치로서 필요한 최소한을 갖추지 못하였다고 할 것이어서 과소보호금지원칙에 위반하여 헌법에 합치되지 아니한다는 결정을 하였다. 비록 다른 청구들은 받아들여지지 않았지만 정부의 중장기 온실가스 감축목표 규정에 관한 헌법 위반을 적극적으로 인정한 아시아 최초의 헌법소송이라는 점에서 의미가 있다.

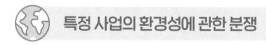

1) 노르웨이 Arctic Oil 탐사 면허 소송

환경단체 그린피스 등은 2016년 노르웨이 정부가 바렌츠 해에서 10건의 석유 탐사 면허를 내준 것은 노르웨이 헌법 제112조(모든 사람은 건강에 이롭고 생산성과 다양성을 유지하는 자연환경을 가질 권리가 있으며, 다음 세대의 권리를 보호해야 한다)에 반하여 위법하다는 소송을 제기하였는데, 노르웨이 1심, 2심, 3심 법원 모두 청구를 기각하였다. 본 사건에 노르웨이 헌법 제112조 위반이 인정되지 않으며, 석유 탐사 면허 허가 자체가 생명이나 신체 건강에 실질적인 위험성을 보이지 않는다는 것이 그 근거였다. 비록 청구는 전부 기각되었지만, 새로운 석유 탐사 면허 부여의 위법성을 파리협정을 근거로 다툰 첫 번째 사건이라는 의미가 있다.

2) 영국 Heathrow 공항 소송

그린피스 등 환경단체와 5개 지역의회 및 거주자, 런던 시장 등이 정부의 Heathrow공항 제3활주로 건설계획을 막기 위한 소송을 제기하였다. 영국 1심 법원은 청구를 기각하였으나, 항소법원은 정부의 Heathrow 공항 제3활주로 건설 결정이 영국의 기후변화 정책을 따르지 않았기에 적법하지 않다고 판단하고 청구를 인용하였다. 그러나 영국 대법원은 2020년 12월 공항 건설계획이 결정 당시의 덜 엄격했던 기후목표에 비추어 적법하게 기초하고 있다고 하여 항소법원의 판단을 다시 뒤집었다. 공항 건설에 따른 환경영향 중 특히 기후변화에의 영향이 본격적으로 다루어진 사건이라는 의의가 있다.

3) 우리나라의 특정 사업의 환경성에 관한 분쟁

(1) 삼척석탄화력발전소 전원개발사업 실시계획승인처분 취소소송

2018. 4. 5. 삼척석탄화력발전소 사업 주변 지역 주민 등이 원고로서 삼척석탄화력발전사업 인허가에 해당하는 전원개발사업 실시계획승인 처분을 취소하는 소송을 제기하였다. 온실가스감축목표 등 상위계획과 불합치한다는 점, 재량권을 일탈, 남용하였다는 점 등을 주장하였으나 1심, 2심 모두 청구가 기각되어 확정되었다.

(2) 인도네시아 석탄화력 금융계약체결금지 가처분

우리나라 공적금융기관인 수출입은행과 무역보험공사가 인도네시아의 석탄화력발전 사업에 관한 금융계약을 체결하지 못하도록 인도네시아 주민 및 한국 국민이 당사자로서 금융계약체결금지 가처분 신청을 하였다. 환경권을 피보전권리로 하고 국가재정법 제100조에 따른 시정요구권을 근거로 신청을 하였으나 법원은 금융지원 의사만으로 환경권이 침해된다고 볼 수 없고, 환경침해에 대하여는 인도네시아에서 다툴 방법이 있다는 등의 이유로 가처분을 기각하였다.

(3) 새만금국제공항 개발사업 기본계획 취소소송

2022. 9. 28. 새만금국제공항 개발사업 지역 주민 등이 사업의 근거가 되는 인허가인 개발사업 기본계획 및 실시계획승인 처분 취소소송을 제기하였다. 항공 교통량 증가에 따른 온실가스 배출 증가와 탄소흡수원인 갯벌의 파괴를 처분의 위법사유로 제시하여 다투고 있으며, 현재 1심 진행 중이다.

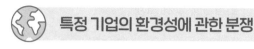

1) 미국 Kivalina v. Exxon mobil 사건

2008. 2. 26. Kivalina 지역의 주민들(원고)은 온실가스 배출회사들(피고)을 상대로 미국 연방지방법원(N.D.Cal.)에 피고 회사들이 발생시킨 기후변화로 인하여 발생하는 이주비용에 대한 손해배상 소송을 제기하였다. 이에 대하여 법원은 기후변화는 정치적 사안이고, 원고적격이 인정되지 않는다는 이유로 원고 청구를 각하하였다. 구체적으로, 원고가 피고 행위가 손해를 야기하였다는 '실질적인 개연성(substantial likelihood)'이나 원고 피해의 '근원(seed)'이 피고의 온실가스 배출에 있음이 '충분히 인정(fairly traceable)'된다는 점을 밝히지 못하였으므로 '인과관계'(causation) 요건을 충족하지 못해 원고적격이 인정되지 않는다고 판단하였다. 이에 기후변화 불법행위 소송의 난점으로서 인과관계 입증의 어려움이 문제되었다.

2) 독일 Lliuya v. RWE 사건

2015. 11. 페루 농부인 Lliuya(원고)가 독일의 최대 전력 생산회사인 RWE(피고)를 상대로 독일 Essen 지방법원에 기후변화로 인한 페루 Huaraz 지역의 예방비용 등을 포함한 손해배상 청구 소송을 제기하였다. 원고가 청구한 17,000유로는 예방조치에 필요한 총 예상비용의 0.47%로, 해당 퍼센트는 피고의 연간 세계 온실가스 배출량 기여도 추정치를 기준으로 한 것이었다. 2016. 12. 15. 1심 법원은 피고의 온실가스 배출과 원고가 주장하는 위험 및 비용 사이에 "선형적 인과관계"가 인정되지 않는다는 이유로 원고 청구를 배척하였으나, 2심 법원은 부분적 인과관계의 존재를 배제할 만한 법적 근거가 없다고 판단하여 증거조사를 진행 중이다. 기후변화를 연구하는 과학의 발전이 기후변화 불법행위 소송의 난점이었던 가해자 특정, 인과관계 및 손해액 입증에 기여한

사례(예컨대, RWE의 기여도 0.47% 특정)이며, 과학적 연구결과를 적극적으로 인용하려는 2심 법원의 태도가 주목할 만하다. 기후변화에 관한 과학적 연구의 꾸준한 발전이 기후변화 불법행위 소송의 성공가능성을 높일 수 있음을 알 수 있다.

3) 미국 City of New York v. BP p.l.c. 사건

2018. 1. 9. 뉴욕시(원고)가 5대 화석연료회사들(피고)을 상대로 하여 연방지방법원(S.D.N.Y.)에 피고들이 야기한 기후변화로 인하여 발생한 더 빈번하고 강력해진 열선, 극단적인 기상변화, 해수면 상승 등에 대처하기 위하여 원고가 부담하게 된, 그리고 앞으로 부담하여야 할 비용 청구소송을 제기하였다. 2018. 7. 19. 연방지방법원(S.D.N.Y.)은 원고 주장이 온실가스의 '초경적(transboundary)' 배출에 근거하고 있고, 통일적인 결정기준을 요구한다는 점에서 연방보통법의 규율을 받는데, Clean Air Act가 온실가스 배출과 관련된 모든 연방보통법 주장을 대체한다는 기존 법리에 따라 원고 주장을 배척하였다. 지방자치단체와 기업 간의 기후변화로 인한 분쟁 사례의 모습을 확인할 수 있다.

4) 네덜란드 Milieudefensie v. Shell 사건

환경운동단체 등이 Shell그룹의 최상위 지주회사로서 정책을 수립하는 로열더치쉘을 상대로 '쉘 그룹의 사업운영 및 쉘 그룹이 판매하는 제품으로 인하여 배출되는 이산화탄소 총 배출량(Scope 1 내지 3)을 감축하라'는 취지의 청구를 하였다. 2021년 네덜란드 헤이그 법원은 '로열더치쉘'에 대하여 2030년 말까지 소장 송달일(2019년) 대비 이산화탄소 배출량을 45% 감축할 의무가 있다고 판시하였는데, 민법상 불법행위책임을 인정한 근거 중 하나로 '다국적기업에 대한 OECD 가이드라인'과 'UN 기업 인권 이행 지침' 등의 국제연성규범이 고려되었다는 특징이 있다.

5) 우리나라의 경우

우리나라에서는 아직까지 특정 기업을 대상으로 기후변화로 인한 손해배상 소송 등을 본격적으로 제기한 사례는 발견되지 않는 것으로 보인다. 다만, 최근에는 기업들의 광고가 소위 '그린워싱'에 해당한다는 이유로 이를 표시·광고의 공정화에 관한 법률(표시광고법) 또는 환경기술 및 환경산업 지원법(환경기술산업법)에 따른 부당한 표시광고로 공정거래위원회나 환경부에 신고하는 사례들이 발생하고 있다. SK E&S 탄소중립 그린워싱 사건('이산화탄소 제거 LNG 생산'), SK루브리컨츠 탄소중립 그린워싱 사건('탄소중립 엔진오일'), 포스코 그린워싱 사건(탄소중립 마스터 브랜드 그리닛) 등이 그 예이다.

 시사점

이상 살펴본 글로벌 기후·환경 분쟁 사례들을 통하여 크게 다음과 같은 3가지 시사점을 도출할 수 있다.

첫째, 기후위기의 심각성 및 대응 필요성에 대한 인식 변화를 확인할 수 있다는 점이다. 네덜란드, 독일, 프랑스 그리고 최근 우리나라에서도 국가의 온실가스 감축목표가 불충분하다거나 감축의무 불이행이 위법하다는 취지의 전향적 법원 판단이 내려지고 있는 추세에 비추어 세계적으로 기후위기 대응 필요성에 대한 인식이 강화되고 있고 그것이 사법부의 판단에서도 드러남을 확인할 수 있었다.

둘째, 기후변화 및 환경 분쟁 해결을 위하여 다양한 수단들이 시도되면서 발전하고 있다는 점이다. 국가의 온실가스 감축목표를 다투는 헌법소송 내지 행정소송, 특정 환경사업을 취소하기 위한 행정소송, 기후변화를 야기한 원인자에게 피해배상을 요구하는 민사소송, 화석연료 사업에 대한 공적 금융지원을 막기 위한 가처분신청, 그린워싱을 지적하기 위한 신고 등 다양한 형태의 수단이 기후 및 환경 분쟁 해결을 위한 수단으로 제시되었고, 이러한 수단들이 전 세계적으로 시행착오를 거치며 결국에는 의미 있는 판단을 이끌어내기까지 하는 경우들이 늘어나고 있음을 확인할 수 있었다.

셋째, 기후변화 및 환경 분쟁 해결을 용이하게 하기 위한 조건들을 생각해볼 수 있다는 점이다. 파리 행정법원의 세기의 판결 사례에서와 같이 IPCC 보고서 등 국제적으로 어느 정도 공인된 과학적 자료가 주요 입증 근거로 활용되는 것을 통하여 과학기술 연구의 발전이 기후 및 환경 분쟁 해결에 실질적인 도움이 될 수 있음을 확인하였다. 다른 한편, 네덜란드의 'Milieudefensie v. Shell' 판결 사례에서와 같이, 연성 규범이라고 생각되는 국제 규범들도 법원의 구체적 판단에 직간접적으로 활용됨에 따라 국제 규범들의 합의 및 도출이 집행의 차원에서도 실질적으로 영향을 미칠 수 있다는 가능성도 확인하였다.

국내 KOSPI 100대 기업의
탄소집약도 평가와 기후성과인증

김준범 프랑스 트루아공대 교수

 기업의 경쟁력으로 떠오르는 환경지표

최근 환경오염과 기후변화 문제로 인한 사회적 문제가 증가함에 따라, 기업들은 환경 문제에 대한 책임과 노력이 요구되고 있다. 이러한 책임은 기업이 사회적 책임을 다하고 지속가능한 경영을 실현하기 위한 필수 요소로, 기업은 제품과 서비스를 제공하며 미치는 환경적 영향을 인식하고 이를 최소화하기 위한 다양한 방책을 마련하고 추진해야 한다. 많은 기업이 경영 전략과 정책의 일부로 온실가스 배출을 줄이고 탄소중립을 달성하기 위한 노력을 기울이고 있고, 이러한 노력은 기업의 사회적 평가와 경영 성과, 그리고 경쟁력으로 이어지고 있다.

기업들의 환경 기여도를 측정하기 위해 대표적으로 탄소 배출 정도를 평가하고 있지만, 단순히 탄소 배출을 줄이라는 요구는 기업에게 영업 활동을 줄이거나 중단하라는 것처럼 비칠 수 있다. 효과적인 평가를 위해서는 탄소 배출량뿐만 아니라 다양한 상황과 조건에 따른 지표를 설정하고, 어떤 기업이 탄소감축의 노력을 잘하고 있으며, 어떤 기업이 더 노력을 기울여야 하는지를 심층적으로 분석할 필요가 있다.

현재 많은 기업이 ESG 경영을 위해 다양한 노력을 하고 있지만, 단순히 탄소 배출량 기준으로 평가되다 보니 실제 많은 노력을 하고도 좋은 평가를 받지 못하는 경우가 있다. 반대로 큰 노력 없이도 좋은 평가를 받는 경우가 발생하기도 한다. 따라서 다각도의 지표를 통해 보다 공정하게 기업의 환경 기여도를 측정하고 평가하는 것이 필요하다.

이 글에서는 두 가지 주요 주제를 다루고자 한다. 첫 번째는 탄소집약도(Carbon Intensity)이다. 많은 기업이 지속가능보고서를 통해 탄소와 온실가스 배출량을 보고하고 있으나, 본 글에서는 기업의 매출액 대비 탄소배출량을 측정하는 탄소집약도를 살펴보고자 한다. 두 번째는 산업군별 탄소집약도이다. 각 기업의 탄소집약도가 온전한 설명을 제공하지 못하는 경우가 있어, 이를 산업군 평균과 비교하여 각 기업이 산업 평균보다 잘하고 있는지를 평가하려는 연구를 진행하였다. 이러한 연구를 통해 기업의 환경 기여도를 보다 공정하고 정확하게 평가할 수 있는 새로운 지표를 제시하고자 한다.

 ## 자원관리지표로 활용되는 자원생산성과 자원집약도

탄소집약도(Carbon Intensity)라는 용어를 설명하기에 앞서 자원생산성(Resource Productivity)과 자원집약도를 알아보고자 한다. 자원생산성이란 국가 혹은 산업에서의 자원이 얼마나 효율적으로 이용되고 있는지를 나타내는 지표로서, 쉽게 표현하면 어떤 제한된 자원을 가지고 얼마만큼의 경제적인 효과를 얻을 수 있는지를 말한다.

[Resource productivity = GDP / DMC]

A국가와 B국가가 있다. A국가는 1톤(ton)에서 1,500US$를, B국가는 같은 자원으로 1,000US$의 가치를 생산하고 있다. 여기서의 어떤 국가가 자원생산성이 높다고 할 수 있나 물어본다면 어떤 국가일까? 당연히

A국가이다. 1톤(ton)의 자원을 가지고 A국가는 1,500US\$를 이익을 가졌지만 B국가는 같은 양의 1톤(ton)의 자원을 가지고 1,000US\$의 이익을 가졌기 때문이다. 그래서 자원생산성 측면에서는 A국가가 잘하고 있다고 할 수 있다.

현재 나와 있는 많은 데이터를 분석해보면, 아프리카나 아시아와 비교하여 유럽, 미국, 캐나다와 같이 북아메리카와 유럽 국가의 자원생산성이 높다는 것을 확인할 수 있고, 이와 같은 국가들은 제한된 자원을 통해 더 많은 이익을 발생시키고 있다는 것이다. 예를 들어 IT산업 또는 금융업 등 큰 자원 투입이 없이 많은 이익을 얻을 수 있는 산업군을 보유하고 있는 국가들이 대부분 자원생산성이 높다고 생각하면 된다. 이런 측면에서 유럽자료를 살펴보면 2000년도에는 스위스가 자원생산성이 가장 높았고, 네덜란드, 룩셈부르크, 이탈리아가 뒤를 이었다. 2019년에는 네덜란드가 가장 높은 수치를 기록하였고 영국, 룩셈부르크 등 은행이나 IT 산업의 발달에 따라 자원생산성이 높게 나타났다.

이제 자원집약도(Resource Intensity)를 살펴보자. 자원집약도는 물질을 사용하는 경제적 효율성을 나타낸다. 경제적 부가가치를 창출하기 위해 천연자원에서 추출한 원료가 GDP 1단위(달러)를 생성하는 데 필요한 재료(kg)이다.

[Material Intensity = DMC / GDP]

자원집약도는 자원생산성과 반대의 의미를 갖는다. 자원사용량을 GDP로 나눠주어 같은 금액을 투입했을 때 자원이 얼마나 투입되는지를 측정할 수 있으며 자원집약도가 낮을수록 같은 경제적 이익을 창출하기 위해 적은 자원이 투입되는 것을 알 수 있다. 1,000US\$ 이익을 만들기 위해서 A국가는 0.83톤(ton)을 사용하였고, B국가는 2.12(ton)이라는 자원을 사용하였다고 하자. 마찬가지로 A국가가 잘하고 있는 것을 알 수 있다. 같은 경제적 이익을 얻기 위해 A국가의 자원이 보다 적게 투입됨을 알 수 있다. 국가별 자원집약도를 비교한 분석에 따르면, 아프리카와 아시아의 자원집약도가 높고 유럽과 북아메리카는 자원집약도가 낮게 나타난다.

 ## 기업의 탄소집약도 적용

앞서 자원관리에 활용되는 자원생산성과 자원집약도를 살펴보았다. 이러한 개념과 함께 탄소배출관리를 위하여 탄소집약도(Carbon Intensity) 측정이 활용되기 시작했다. 탄소집약도란 에너지를 소비한 결과 얼마나 많은 탄소를 배출하는가를 알려주는 지표로, 단위를 몇 가지 적용할 수 있으나 여기서는 (탄소배출량/매출액) 관점에서 기업생산 활동의 결과로 얼마나 많은 탄소를 배출하는가를 알아보고자 한다. 매출액 기준으로 탄소집약도를 측정하기 위해서는 1년간 배출한 탄소배출량을 1년간 총 매출액으로 나누어 주면 된다.

[탄소집약도 = 탄소배출량/매출액(kg CO_2 eqv./백만원)]

2023년 프랑스에서 한국에 잠시 들어와 약 25개 중소기업 대표들과 미팅을 진행하였고 몇 가지 질문을 했다. 첫째로, '1년 총 매출이 얼마인가?'라는 질문을 기업 대표들에게 했을 때는 모두 다 잘 알고 있었다. 이어서, '1년에 배출하는 총 온실가스 배출량 또는 탄소 배출량이 얼마인가?' 물었을 때는 모든 기업 대표들은 답변하지 못했다. 기업의 총 매출은 모두 알고 있지만, 탄소배출량에 대해선 모두 모르고 있다. 여기서

'탄소 문맹'이라는 표현을 사용했다. 사실 현재 국내 대기업을 제외한 중소기업 등에서는 탄소배출량에 대한 개념과 산정방법도 잘 모르고 있는 실정이다.

몇 가지를 예를 들어 설명해 보고자 한다. 1년 동안 400톤의 탄소를 배출하는 플라스틱 제조 A기업이 있다고 가정하였을 때, 400톤은 상당히 많은 양이라고 할 수 있지만 대부분의 사람들은 이 기업이 얼마나 많은 양의 온실가스를 배출하고 있는지 가늠하지 못한다. 해당 기업이 약 50억의 매출을 하고 있다면 유의미한 지표를 산정해서 볼 수 있다. 이 기업의 탄소집약도를 측정하였을 때 100만 원 정도의 이익을 가지면서 0.08톤의 탄소를 배출한다는 것을 알 수 있다. 바로 옆의 그림을 또 살펴보자. 같은 양인 400톤의 탄소를 배출하고 있는 플라스틱 제조 B기업이 있다. A와 B 두 개 기업은 같은 양의 탄소를 배출하고 있기 때문에 같다고 할 수 있을지 의문이다. 이제 두 기업의 총 매출액과 비교하여 탄소배출량을 알아보면, A기업의 매출액은 50억이고 B기업은 100억이다. 매출액으로 탄소배출량을 나눠주게 되면 B기업의 0.04 톤의 탄소집약도로 A기업보다 더 낮은 것을 확인할 수 있고, B기업이 잘하고 있다고 할 수 있다.

 ## 산업군 평균 대비 기업 탄소집약도의 비교

위의 사례에서 살펴본 두 기업이 속한 산업군인 플라스틱 1차 제품 산업의 탄소집약도 평균은 백만원당 0.036톤이다. 이에 따라 사실 상 산업군의 평균 탄소집약도와 비교했을 때 평균보다 높은 수치의 탄소집약도를 보여주고 있으므로 두 기업 모두 잘하고 있다고 볼 수 없다. 각 기업의 탄소집약도를 통하여 알 수 있는 정보가 있지만 이렇게 산업 평균 대비 각 기업의 탄소 집약도를 비교하는 것도 의미가 있다.

우리나라 플라스틱 1차 제품업에 속해 있는 모든 기업을 탄소집약도가 높은 순서로 줄을 세우면 평균보다 위에 있는 기업이 있고 평균값보다 아래에 있는 기업이 있을 것이다. 평균에 가까이 있는 기업보다 평균보다 더 아래 있는 기업이 잘하고 있는 기업인 것을 알 수 있다. 평균값보다 아래에 있는 기업들에 대해서 등급화 한 평가 시스템과 인증이 기후성과인증이다.

국내 KOSPI 100대 기업의 탄소집약도 감축순위

본 연구를 통하여 2022년 12월 기준으로, 국내 KOSPI 100대 기업들의 전년 대비 탄소집약도 감축 순위를 알아보았다. 코스피 100대 기업은 약 98% 이상 지속가능한 보고서를 통해 공시하고 있어 온실가스 배출 자료와 매출액 자료를 쉽게 확인할 수 있다. 2021년과 2022년 연 매출액과 탄소 배출량 수치를 통하여 탄소집약도를 측정하였으며 1년 간 얼마만큼의 감축이 이루어졌는지 기업별 수치를 확인하고 순위를 매겼다. 100대 기업 중 76개 기업들의 탄소집약도가 감축(-55%~-1%) 되었으며, 17개 기업이 증가한 것을 확인하였고 SK스퀘어, 하이브 등 2022년 설립되어 2021년 자료가 없는 기업과 탄소배출량 자료가 없는 기업 7개는 비교에서 제외하였다.

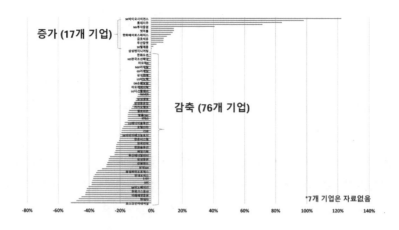

증가 (17개 기업)

감축 (76개 기업)

*7개 기업은 자료없음

-80% -60% -40% -20% 0% 20% 40% 60% 80% 100% 120% 140%

　다음으로 각 기업이 속해 있는 산업의 탄소집약도 평균값과 비교한 결과(기후성과인증평가 결과)이다. 잘하고 있는 기업을 1등급으로 기준하여 1등급부터 5등급까지 등급을 나누어 보았다. 1등급은 26개 기업(산업평균 대비 80% 이하), 2등급 13개 기업(산업평균 대비 60~80%이하), 3등급 7개 기업(산업평균 대비 40~60%이하), 4등급 7개 기업(산업평균 대비 20~40%이하), 5등급 6개 기업(산업평균 대비 1~20%이하)으로 확인할 수 있다. 아래 그림은 1등급 26개 기업의 내용이다.

ID	업체명	년매출 (백만원)\n2022	탄소배출량 (톤 CO2eqv.)\n2022	백만원당 탄소배출량\n(tCO2-eq/백만원)\n2022	산업군 평균\n백만원당\n탄소배출량\n2022	2022년\n산업평균대\n비	2022년\n기후성과인증
93	POSCO홀딩스	84 750 200	6 380	0,000075	0,8380	-100%	
58	포스코인터내셔널	37 989 600	1 918	0,000050	0,0875	-100%	
79	롯데지주	14 111 900	775	0,000055	0,0120	-100%	
47	SK스퀘어	4 510 700	595	0,000132	0,0120	-99%	
52	HD한국조선해양	17 302 000	8 191	0,000473	0,0283	-98%	
15	현대글로비스	26 918 900	79 781	0,002964	0,1447	-98%	
51	삼성증권	13 486 900	1 427	0,000106	0,0043	-98%	
49	F&F	1 808 900	3 777	0,002088	0,0350	-94%	
40	SK	134 541 600	109 213	0,000812	0,0120	-93%	
53	코웨이	3 856 100	6 826	0,001770	0,0245	-93%	
13	삼성물산	43 161 700	180 717	0,004187	0,0433	-90%	
78	LG생활건강	7 185 800	52 739	0,007339	0,0710	-90%	★★★★★\n1등급\nExcellent
56	삼성엔지니어링	10 054 300	54 466	0,005417	0,0490	-89%	
28	한국가스공사	51 724 300	752 041	0,014539	0,1245	-88%	
90	SK바이오팜	246 200	1 361	0,005528	0,0470	-88%	
48	미래에셋증권	19 160 800	11 020	0,000575	0,0043	-87%	
37	삼성카드	3 794 600	1 614	0,000425	0,0030	-86%	
80	제일기획	4 253 400	1 838	0,000432	0,0030	-86%	
55	NH투자증권	11 535 700	7 381	0,000640	0,0043	-85%	
82	하이브	1 776 200	6 565	0,003696	0,0230	-84%	
30	LG	7 186 000	19 365	0,002695	0,0157	-83%	
18	삼성화재	25 784 400	14 757	0,000572	0,0083	-82%	
81	GS리테일	11 226 400	71 725	0,006389	0,0350	-82%	
64	아모레퍼시픽	4 134 900	36 040	0,008716	0,0470	-81%	
63	BGF리테일	7 615 800	50 726	0,006661	0,0350	-81%	

기업의 기후성과 측정을 위한 지속적인 연구의 필요성

지난 2월에 전자신문 1면을 통하여 국내 KOSPI 100대 기업의 탄소 집약도 연구 결과가 보도되었으며 해당 기업의 많은 관심이 있었고 이슈 화되었다. 결과가 좋은 기업들의 경우 산정 방식 등 문의가 있었고, 추가 적인 설명도 진행하였다. 탄소집약도 연구 및 발표 과정 중 기업의 지속 가능보고서를 확인한 결과 탄소배출량 자체는 감축하였으나 탄소집약도 측면에서 불리한 내용은 보고서에 기재하지 않은 점을 발견하였다.

기존 평가에선 제품에 대한 탄소 발자국이나 서비스 시스템에 대한 평가를 많이 하고 있는데 본 연구를 시작으로 기업에 대한 평가에서 더 나아가 지자체 및 대학 등으로 본 연구를 적용하고 확대해 나가고자 한 다. 탄소집약도 산출 시 기업의 생산활동을 매출액으로 측정하였지만 다 른 기준을 분모화하여 측정하여도 의미 있는 지표가 나타날 것으로 생각 되며 다양한 관점에서 기업의 환경기여도와 기후성과 측정을 위해 앞으 로도 지속적인 연구가 진행되고 활성화될 필요가 있다.

11

기후 대응과 녹색 전환: 건설기업을 위한 혁신 솔루션

손민수 한국건설기술연구원 연구위원

 ## 산업화를 이끈 과학기술과 새로운 도전

20세기 과학기술은 산업화와 경제 성장을 이끄는 원동력이었다. 증기기관, 철도, 자동차, 전기의 발전은 생산성을 비약적으로 높였고, 세계 경제를 새로운 차원으로 끌어올렸다. 그러나 이러한 발전은 대규모 화석 연료 소비와 자원 남용으로 이어지며 지구 생태계에 심각한 영향을 미쳤다. 온실가스 배출 증가는 지구온난화와 기후변화라는 전례 없는 문제를 야기했고, 이는 현재 모든 산업이 직면한 가장 큰 도전으로 자리 잡고 있다. 건설산업 역시 이러한 기후변화의 영향에서 자유롭지 않다. 극단적인 기상 현상과 해수면 상승은 기존의 노후화된 인프라를 약화시키며, 재난 대응 능력에 심각한 문제가 발생하고 있다. 폭염, 홍수, 강력한 태풍과 같은 이상 기후현상은 기존 건설 기술의 한계를 시험하며, 사회적 안전망과 경제적 기반까지 위협하고 있다.

더 이상 전통적인 방식만으로는 기후변화 시대의 요구를 충족할 수 없다. 건설분야는 기후 위기에 대응하고 지속가능한 미래를 위해 새로운 기술과 혁신을 도입해야 하는 상황에 놓여 있다. 기후변화의 심각성은 단순히 자연재해를 넘어 도시와 지역사회의 경제적 기반을 흔들고 있으며, 이는 건설 산업계가 단순히 '건설'이라는 틀을 넘어 환경과 경제를 아우르는 새로운 역할을 요구하는 방향으로 이동하고 있다. 기술적 혁신과 전환은 이제 선택의 문제가 아니다. 기업이 생존하고 성장하기 위해서는 기후변화 대응력을 강화하고, 지속가능성을 핵심 경영 전략으로 삼아야 한다. 건설 산업계가 혁신과 전환을 성공적으로 이루어 낸다면, 이는 단순히 위기를 극복하는 데 그치지 않고, 새로운 성장 동력으로 작용할 것이다.

 ## 기후 대응을 위한 건설 산업계의 전환

기후변화의 도전 속에서 건설 산업계가 나아가야 할 방향은 분명하다. 과거의 노동집약적인 방식에서 벗어나 첨단 기술과 디지털화를 결합한 녹색 전환이 핵심이다. 스마트 건설 기술, 빌딩 정보 모델링(BIM), 자동화 시스템은 건설업의 효율성을 높이고, 작업 환경을 개선하며, 기후변화 대응력을 강화할 수 있는 중요한 도구로 자리 잡고 있다. 건설기업은 기술 혁신을 통해 기존 인프라를 더욱 효율적으로 관리하고, 새로운 인프라를 구축하며, 동시에 환경 영향을 최소화해야 한다. 과거에는 단순히 더 크고 튼튼한 구조물을 건설하는 것이 목표였다면, 이제는 그 구조물이 얼마나 지속가능하고 기후변화에 적응 가능한지가 더 중요한 기준이 되고 있다.

건설산업은 더 이상 과거의 역할에 머무를 수 없다. 이제는 도시와 지역사회의 지속가능성을 위한 기반을 제공하는 핵심 산업으로 자리 잡아야 한다. 건설 산업계는 기존의 회색 인프라 중심에서 벗어나 자연과 첨단 기술을 결합한 '그린 인프라 테크'를 통해 지속가능한 도시 건설을 주도해야 한다. 그린 인프라는 단순한 자연 기반 솔루션을 넘어, 디지털 기술과 융합되어 기후변화에 적응하고 도시의 회복력을 강화하는 데 기여할 수 있다. 스마트 기술과 결합된 그린 인프라는 도시와 지역 사회에 더 큰 가치를 제공하며, 장기적으로 건설기업의 경쟁력을 강화하는 데 중요한 역할을 한다. 특히, 데이터 기반의 접근법은 설계, 시공, 유지보수의 모든 과정에서 효율성을 극대화하고, 환경적 영향을 최소화할 수 있는 중요한 도구로 작용한다.

이러한 전환은 단순히 기술적 도입에 그치지 않는다. 건설기업은 조직 구조와 업무 방식을 변화시키고, 지속가능한 경영 원칙을 바탕으로 의사결정을 내려야 한다. 예를 들어, 신재생에너지 사용 확대, 탄소 배출량 모니터링, 지속가능한 자재의 적극적 활용은 건설업계가 기후변화에 효과적으로 대응하기 위한 필수적 요소다. 20세기 인류는 과학기술의 발전을 바탕으로 산업화를 이루며 눈부신 경제 성장을 이룩하였다. 증기기관과 같은 과학기술의 발명에서 시작한 산업화는 1차, 2차 산업혁명을 거쳐 화석 연료를 기반으로 철도, 자동차, 전기 등의 인프라를 구축하였고, 이를 통해 비약적인 생산성과 경제 성장을 끌어냈다. 하지만 이 과정에서 온실가스 배출은 급격히 증가하였고, 지구 생태계는 파괴되기 시작했다. 20세기 후반에 들어서면서 과학자들은 이와 같은 변화가 장기적으로 기후변화를 초래하고 인류의 존속에 심각한 위기를 초래한다고 경고하였다.

결국, 과학기술의 발전이 지구의 환경적 지속가능성을 위협하는 역설적 상황을 만든 것이다. 특히, 기후변화의 영향을 받는 인프라는 더 큰 위험에 처해 있다. 홍수, 폭염, 폭우 등 극단적인 기상 현상은 이미 취약해진 인프라에 추가적인 부담을 주며, 예기치 않은 재난을 초래할 가능성을 높인다. 이러한 문제는 단순히 물리적 위험을 넘어, 도시의 경제 활동과 시민들의 일상생활에 심각한 영향을 미친다.

기후변화 대응은 건설 산업계에 단순히 비용을 증가시키는 과제가 아니라 새로운 경제적 기회를 제공한다. 전 세계적으로 탄소중립 선언이 이어지면서, 친환경 인프라에 대한 수요가 빠르게 증가하고 있다. 예를 들어, 재생에너지 중심의 에너지 시스템 구축, 스마트 그리드와 에너지 효율화를 위한 기술 도입, 전기차 충전 인프라 확충 등이 주요 과제로 떠오르고 있다. 이러한 변화는 건설 산업계에 새로운 시장을 열어주며, 기업이 미래 경쟁력을 확보할 수 있는 중요한 기회로 작용한다. 또한, 순환 경제와 자원 순환 기술을 활용한 인프라 개발은 폐기물을 최소화하고 경제적 자립을 촉진하는 데 기여한다. 이를 통해 기업은 비용 절감과 지속가능성을 동시에 달성할 수 있으며, 지역 사회와의 협력 강화를 통해 신뢰를 구축할 수 있다.

국제적인 녹색 금융 프로그램과 정책 지원은 건설산업이 새로운 기술과 인프라를 개발하는 데 필요한 재정적 기반을 제공한다. 세계은행(World Bank)과 아시아개발은행(ADB)의 그린 인프라 펀드는 기업이 기술적 혁신을 이루고 글로벌 시장으로 확장할 수 있는 기반을 제공한다. 유럽연합(EU)과 같은 국제기구의 탄소중립 프로젝트 참여를 통해 기업은 글로벌 네트워크를 확장하고, 선진 기술과 협력의 기회를 얻게 된다. 녹색 전환은 단순히 환경적 필요성을 충족하는 데 그치지 않는다. 이는 기업의 사회적 책임을 실현하며, 동시에 수익성을 향상시키는 기회다. 건설산업은 이러한 기회를 활용해 지속가능성과 성장이라는 두 가지 목표를 동시에 달성할 수 있다.

탄소중립도시와 건설 산업계의 역할

　탄소중립도시는 기후변화 시대의 필수적 모델이다. 건설 산업계는 탄소중립도시 구현의 핵심 파트너로서 중요한 역할을 할 수 있다. 에너지 효율적인 건축물 설계, 친환경 건설 자재 사용, 스마트 시티 기술 도입 등은 기업이 탄소중립 목표를 달성하는 데 기여할 수 있는 구체적인 방법들이다. 특히 디지털 트윈(Digital Twin) 기술을 활용해 도시의 에너지, 교통, 환경 데이터를 실시간으로 모니터링하고 효율적으로 관리할 수 있다. 이는 기업이 단순히 인프라를 제공하는 것을 넘어, 도시 운영의 중요한 파트너로 자리 잡을 수 있는 기회를 제공한다. 디지털화와 자동화를 통해 건설 현장에서 발생하는 자원의 낭비를 줄이고, 에너지와 물 사용량을 최적화함으로써 환경적 지속가능성을 극대화할 수 있다.

　탄소중립도시는 단순히 온실가스를 줄이는 것을 넘어, 기후 회복력을 높이고 생태계를 보전하며 지역 경제를 활성화하는 다층적인 역할을 한다. 건설산업은 이러한 변화의 핵심 주체로서 지역사회의 신뢰를 얻고, 경제적 기회를 창출하며, 지속가능한 미래를 설계하는 데 중요한 역할을 맡아야 한다.

탄소중립도시와 건설 산업계의 역할

　탄소중립도시는 기후변화 시대의 필수적 모델이다. 건설 산업계는 탄소중립도시 구현의 핵심 파트너로서 중요한 역할을 할 수 있다. 에너지 효율적인 건축물 설계, 친환경 건설 자재 사용, 스마트 시티 기술 도입 등은 기업이 탄소중립 목표를 달성하는 데 기여할 수 있는 구체적인 방법들이다. 특히 디지털 트윈(Digital Twin) 기술을 활용해 도시의 에너지, 교통, 환경 데이터를 실시간으로 모니터링하고 효율적으로 관리할 수 있다. 이는 기업이 단순히 인프라를 제공하는 것을 넘어, 도시 운영의 중요한 파트너로 자리 잡을 수 있는 기회를 제공한다.

디지털화와 자동화를 통해 건설 현장에서 발생하는 자원의 낭비를 줄이고, 에너지와 물 사용량을 최적화함으로써 환경적 지속가능성을 극대화할 수 있다. 탄소중립도시는 단순히 온실가스를 줄이는 것을 넘어, 기후 회복력을 높이고 생태계를 보전하며 지역 경제를 활성화하는 다층적인 역할을 한다. 건설산업은 이러한 변화의 핵심 주체로서 지역사회의 신뢰를 얻고, 경제적 기회를 창출하며, 지속가능한 미래를 설계하는 데 중요한 역할을 맡아야 한다.

 ## 건설산업을 위한 전략적 제언

건설산업이 기후변화 시대에서 지속가능한 성장과 경쟁력을 확보하기 위해서는 다음과 같은 전략적 접근이 필요하다.

첫째, 스마트 건설 기술의 적극적 도입

자동화와 디지털화를 통해 생산성과 효율성을 높이고, 노동 강도를 줄이는 동시에 기술 기반의 고부가가치 산업으로 전환한다.

둘째, 그린 인프라 테크와의 융합

자연 기반 솔루션과 첨단 기술을 결합해 기후변화에 대응하는 혁신적 인프라를 제공한다. 이는 도시와 지역사회의 회복력을 강화하는 데 기여할 수 있다.

셋째, 글로벌 협력 강화

국제 협력을 통해 새로운 기술을 공유하고, 탄소중립 인프라 프로젝트에서 글로벌 경쟁력을 확보한다. 특히 재생에너지와 스마트 시티 분야에서 협력 기회를 모색해야 한다.

넷째, 지역 사회와의 협력 강화

지역 맞춤형 인프라 개발과 자원 순환을 통해 지역 경제를 활성화하고, 기업의 사회적 책임을 다하는 모습을 보여야 한다.

다섯째, 미래 인재 육성

건설업의 디지털화와 기술적 혁신을 뒷받침할 수 있는 인재를 양성하고, 이들이 기업의 지속가능성을 강화하는 데 기여하도록 한다.

 ## 지속가능한 미래를 향한 도전

기후변화 시대에서 건설 산업계는 더 이상 과거의 방식에 안주할 수 없다. 지속가능성과 혁신을 기반으로 한 녹색 전환은 선택이 아닌 필수다. 건설산업은 이러한 변화의 선도자로서 기술 혁신과 협력을 통해 새로운 성장 동력을 창출하고, 지속가능한 미래를 함께 만들어가야 한다. 또한, 건설산업은 지역 사회와 환경의 조화를 이루며, 기후변화라는 글로벌 도전 속에서 모두가 신뢰할 수 있는 파트너로 자리매김해야 한다. 이는 단순히 기술적 전환이 아닌, 기업과 사회, 그리고 환경 간의 새로운 공존 모델을 만들어가는 과정이다. 지속가능한 발전을 위한 이러한 노력은 미래 세대와의 약속을 실현하는 중요한 길이 될 것이다.

12

생물다양성, TNFD 공시에 대한 우리나라 기업 대응 현황

윤여정 세계식량계획(WFP) 담당관

기업이 의존하거나 영향을 주고 있는 자연 자본에 대한 공시 협의체인 TNFD
유형화된 활동 보다 실제로 기업이 의존하거나 영향을 주는 자연 자본 증진 활동에 더 집중이 필요

자연자본 관련 재무정보공개 협의체(Task-Force on Nature-Related Financial Disclosure, 이하 TNFD)에 대한 우리나라 기업의 대응 현황에 대해 소개하고자 하는데, 그 전에 TNFD와 생물다양성에 대해 모르시는 분들이 있을 수 있으니, 이 두 가지를 먼저 소개하겠다.

더운 어느 여름날 출산 예정일이 다가오고 있는 지인 분과 이야기를 나누다가 아이가 태어나면 아이와 하고 싶은 게 있으세요? 하고 물었다. 그러니 그분은 아이와 사라져가는 것들을 소중히 여기며 지내고 싶다, 가라앉고 있다는 섬에도 가보고 싶다고 하셨다. 이 말이 마음에 오래오래 남은 건 사라져 가는 아름다운 것들은 단지 섬뿐이 아니기 때문이었던 것 같다.

기후변화를 왜 막아야 하는데? 탄소중립을 왜 해야 하는데? 이에 대한 많은 대답들이 있겠지만 나는 그 대답을 사라져 가는 아름다운 것들에서 찾았고 2023년과 2024년은 TNFD 최종 권고안 발표, 제5차 국가 생물다양성전략 수립, 쿤밍-몬트리올 협약 등이 이뤄졌기에 여러 주요

시기가 맞물려 자연스레 생물다양성에 관심을 가지게 됐다.

그런데 생물다양성을 공부하면서 참 어렵고, 기후변화만큼 소위 성공한 담론이 없다는 생각을 했다. 생물다양성을 생태로 조금 확대해서 생각해보면 중요 습지를 보호하는 '람사르 협약'이 1971년도에 채택됐다. 무려 50년도 더 전인 것이다. 그 이후에 멸종위기 야생생물 보호를 위한 '워싱턴 협약', 생물다양성 보전 및 국가내 생물자원의 주권을 확인하는 '생물다양성협약'(Convention on Biological Diversity, CBD)도 나왔고 물론 모두 소기의 목적을 달성했지만 전체적인 종다양성 감소는 여전하다.

그렇지만 생물다양성에 대해 공부할 수록 지금까지 생물다양성 보전을 위해 해온 보호지역 지정과 멸종위기종 관리가 그동안 실질적으로 할 수 있는 것이었으면서 효과적이고 효율적이라는 것도 알게 되었다. 생물다양성 감소의 가장 큰 두 요인이 서식지 훼손과 과잉 착취이기 때문이다. 이 두 가지 요인 다음으로 최근 큰 영향을 미치는 건 기후변화이다. 각 지역마다 서식지 훼손의 이유는 다양하지만 서식지 훼손과 과잉 착취는 기업과 긴밀한 연관이 있다. 그래서 기후변화로 생물다양성에 관심을 갖게 됐지만, 기업의 대응이 중요한 걸 알게 됐고 자연스럽게 기업의 역할에 대해 집중하게 됐다.

그래서 이런 생물다양성 보전에 대한 기업의 역할을 중점에 둔 TNFD를 살펴보려고 하지만 그 이전에 생물다양성이라는 단어가 생소한 분들을 위해 간단하게 소개를 하겠다. 생물다양성협약 제2조에 따르면 생물다양성(biological diversity, biodiversity)은 육상, 해상 및 그 밖의 수중생태계와 이들 생태계가 부분을 이루는 복합생태계(ecological complexes) 등 모든 분야의 생물체 간의 변이성을 말한다. 이는 종내의 다양성, 종간의 다양성 및 생태계의 다양성을 포함한다. 한 지역내 종이 얼마나 다양한지를 보는 생물 종(species)의 다양성, 생물이 서식하는 환경 그리고 생물과 무생물의 상호작용이 얼마나 다양한지를 보는 생태계(ecosystem)의 다양성, 특정 생물 종이 가진 유전자 변이가 얼마나 다양한지를 보는 유전자(gene)의 다양성의 포괄적인 개념이 생물다양성이다. 이 세 가지를 서로의 상위 또는 하위 개념으로 보곤 하는데 그렇진 않다.

이러한 생물다양성 보전에 대해 산업과 기업에서는 자연자본으로 접근을 하고 있다. TNFD는 기업이 자연과 관련된 위험과 기회를 평가하고 공개하기 위한 프레임워크를 수립하도록 장려하는 이니셔티브로 UNDP, UNEP FI, WWF와 Global Canopy에서 함께 만들었다. 기후에 관심 있는 분이라면 기후변화 관련 재무정보 공개 협의체(Task Force on Climate-Related Financial Disclosures, 이하 TCFD)에 대해서는 종종 들어봤을 것인데, TNFD를 비슷한 것으로 볼 수 있다. 하지만 생물다양성 자체 특성에서 오는 TNFD와 TCFD의 큰 다른 점이 있다. TNFD는 지역성이 중요하다. 조금 더 자세히 설명하면, 예를 들어 기후변화는 한국에 위치한 공장에서 발생한 온실가스로 인해 전 세계에서 영향을 받는다. 그래서 온실가스 배출을 많이 하지 않았지만 인프라 부족 등의 이유로 기후변화에 취약한 개발도상국이 큰 피해를 입기도 하지만, 생물다양성과 자연자본은 공장이 위치한 그곳이 또는 자연자본 등을 가져온 바로 그곳이 영향을 받는다. 그래서 이러한 특성을 반영하여 LEAP 접근을 사용한다.

TNFD는 2023년 9월 최종 권고안이 나왔고 자연자본에 크게 의존하거나 영향을 많이 미치고 있는 산업에 대해서 따로 가이드라인도 계속 나오고 있다. 대표적인 우선순위 산업군은 석유 및 가스, 석탄, 화학, 건축자재, 금속 및 채굴, 제지/목재, 식품 및 음료 판매, 농업 및 식품 등이 있다.

2024년 6월 말 기준으로 51개 나라의 416개 기관/기업이 TNFD를 채택했다. 우리나라는 한국타이어앤테크놀로지, 한화생명보험, IBK기업은행, 국제ESG협회, SK증권 5개의 기관/기업이 채택했다. 흥미로운 건 TNFD를 가장 채택한 기관이 가장 많은 나라는 일본이라는 점이다. 채택한 기관의 25%, 100개 넘는 기관이 일본에 본사를 두고 있다. TNFD는 기관 단위로 가입을 하는 것이고 일본 정부에서 적극적으로 나선 것도 아니기 때문에, 일본의 생물다양성 감수성 등 어떤 다른 요인이 있는지 살펴보고 있다.

TNFD가 무엇이냐 했을 때 한 마디로 정리하면, 기업이 의존하거나 영향을 주고 있는 자연 자본에 대해 공시하게 하고자 하는 거다. 기업이 의존하는 자연자본은 25개, 영향을 미치는 자연자본은 13개로 분류하고 있다. TNFD는 자연자본에 대한 의존도와 영향도 분석에 ENCORE라는 도구를 사용하는 것을 권장하고, 산업별 생태계서비스에 대한 의존도와 영향도를 Very Low, Low, Medium, High, Very High 5단계로 평가한다. 예를 들어, 아까 잠시 언급했던 주요 산업군 중 하나인 농업 및 식품 산업은 물 사용에 대한 영향이 크다.

TNFD는 기업을 공시하게 하는 것이고 정보가 공개되는 공시에서부터 많은 것들을 시작할 수 있다고 생각한다. 그래서 지금 하고 있는 연구는 기업들이 자신의 사업이 의존하고 있는 자연자본과 영향을 주고 있는 자연자본에 대해 대응을 잘하고 있는지를 보고자 했다. 다시 말하자면 물 사용에 대한 영향을 크게 미치고 있는 농업 및 식품 산업이 물 사용에 대해 대응을 하고 있느냐는 거다. 엄한 곳에 하는 게 아니라.

연구 방법으로는 주로 정성적인 방법을 택하여 크게 두 가지, 지속가능경영보고서 분석과 관련 이해관계자 포커스 인터뷰를 하고 있다. TNFD 최종 권고안이 작년에 나왔기 때문에 그에 따라 우리나라 기업은 어떻게 대응을 하고 있는지 올해 새로 나온 지속가능경영보고서를 기반으로 어떤 활동과 대응을 하였는지 생물다양성과 자연자본 중심으로 살펴봤다. 공시를 중심으로 보고 있기 때문에 상장하여 지속가능경영보고서를 내는 기업에서 2024년 8월 기준으로 보고서가 나온 기업은 188개였다. TNFD와 ENCORE의 국제표준산업분류(ISIC)에 따라 우리나라 기업 중 100개를 선정하였고 현재까지 50개 기업을 분석하였다.

현 시점에서 여전히 분석을 진행 중이지만, 대략적인 분석의 주요 결과는 아래와 같다.

1) 188개의 기업 중 지속가능경영보고서에서 생물다양성을 언급한 기업은 총 167개(90%), TNFD를 언급한 회사는 38개(20%)이다.

2) 기업 50개 산업군의 의존도 Very High(15%), Very Low(12%), N/A(54%), 영향도 Low(66%), Very Low(31%)인 자연자본에 대한 증진 활동이다. 유형은 환경정화, 교란종 제거, 숲 조성, 멸종위기 동물 보호 활동 등에 집중되어 있다.

3) 우선순위 산업군의 공시/대응이 비우선순위 산업군의 공시/대응과 큰 차이가 없다.

추가로 관련된 기업ESG팀, 국가 연구소 및 대학 연구실 등을 대상으로 포커싱 인터뷰를 진행하고 있다. 인터뷰에서 얻을 수 있었던 인사이트는 다음과 같다.

1) TNFD에 대한 내부적인 인지가 높지 않은 상황이고, 실무자 선에서 인식이 있더라도 실행까지는 경영진의 의지가 필요하다.

2) 기업을 움직이기 위해 규제, 의무가 중요하다.

3) 동종 업계의 움직임(peer pressure)이 공시를 하게 하는 요소로 작용한다.

4) 자연자본 증진을 위해 하고 있는 활동이 지속가능경영보고서에 공시되지 않는 경우가 다수 있다.

추가로 이 연구를 2024년 3월부터 시작하였는데, 흥미로웠던 점은 TNFD가 새로운 이니셔티브인 만큼 의존성과 영향도를 평가하는 데 사용하는 ENCORE가 최근 업데이트 되면서 몇몇 변화가 있었다. 그 중 하나로 생태계서비스인 문화서비스에 대해서는 이전에 다루지 않았었는데, 새로 추가됐다. 이를 포함한 더욱 중요한 여러 변화들이 있었고 이런

변화들이 한편으로는 기업 입장에서는 적극적으로 새로운 프레임워크를 도입하기 보다는 충분히 무르익을 때까지 기다리는 것을 선택하게 할 것으로도 파악된다.

기업이 자연자본에 대한 공시를 하고 의존하고 영향을 미치고 있는 자연자본에 대한 적절한 대응을 하게 하기 위해 고려해야할 것은 무엇인지 더욱 고민이 필요하다.

3장

순환경제는 탄소중립을 실현하기 위한 필수 전략이자 대한민국이 글로벌 경제에
제시하는 지속가능한 경제 모델입니다. 이 장에서는 한국의 순환경제 정책과 자원
화 기술을 다루며, 이를 통해 산업 구조 전반의 혁신을 이끌어가는 구체적 사례를
조망합니다. 한국이 어떻게 '순환경제사회'로의 전환을 선도하고 있는지를 다양한
시각에서 탐구합니다.

순환경제와 자원화 기술

13

순환경제사회 전환 촉진법의 시행과 시사점

이소라 한국환경연구원 실장

 폐기물 규제 정책이 '순환경제사회'로 오기까지의 여정

우리나라는 폐기물 관리를 위한 다양한 노력을 통해 제도와 규제 등을 개선해 오고 있다. 폐기물관리법과 쓰레기 종량제 시스템, 플라스틱 폐기물 감소 노력 등을 통해 지속가능하며 책임있는 폐기물 관리 시스템 구축을 위해 적극적인 접근을 해오고 있다. 순환경제 산업 활성화를 위해서 산업 전반으로 이행되고 있는 계획에 대해서 알아보면 다음과 같다.

2024년 1월, 순환경제사회 전환 촉진법이 시행되었다. 제도 관점에서 기존의 폐기물에서 자원순환을 거쳐 순환경제로 오기까지 정책에 다양한 변화가 있었다. 1961년 국내 최초 폐기물 관련 제도인 오물청소법이 도입되며, 폐기물을 오물이라고 명칭하던 때가 있었다. 규제 위주로 폐기물 관리법이 제정되어 운영되었고, 1992년에는 폐기물이 하나의 자원으로써 활용되어야 한다는 관점에서 자원재활용법이 시행되었다. 그 후 주로 재활용 위주의 법률이 제정·시행되어 오다가, 2016년에는 자원순환기본법이 제정되어 2018년 시행되었다.

자원순환기본법과 순환경제사회 전환 촉진법의 목적

◉ 자원순환기본법 (시행 2018. 1. 18.)

제1조(목적) 이 법은 자원을 효율적으로 이용하여 폐기물의 발생을 최대한 억제하고 발생된 폐기물의 순환이용 및 적정한 처분을 촉진하여 천연자원과 에너지의 소비를 줄임으로써 환경을 보전하고 지속가능한 자원순환사회를 만드는 데 필요한 기본적인 사항을 규정함을 목적으로 한다.

◉ 순환경제사회 전환 촉진법 (시행 2024. 1. 1.)

제1조(목적) 이 법은 생산 · 유통 · 소비 등 제품의 전 과정에서 자원을 효율적으로 이용하고 폐기물의 발생을 최대한 억제하며 발생된 폐기물의 순환이용을 촉진하여 지속가능한 순환경제사회를 만드는 데 기여함을 목적으로 한다.

한국환경공단은 전문가들과 기존의 폐기물관리법과 자원재활용법, 그리고 건설폐기물법 관련 내용을 검토하고 취합하여 자원순환기본법의 모법으로 만들기 위해 여러가지 제도를 구축해 왔다. 가장 중요한 부분은 자원순환성과관리, 순환자원 인정제, 순환이용성 평가, 폐기물처분부담금제와 같이 자원순환에 핵심이 되는 제도들이다. 이에 기초하여 2022년 순환경제사회 전환 촉진법이 발의되었고 제정되어 2024년부터 시행되었다.

처음 자원순환기본법이 제안되었을 때 환경부에서는 자원순환사회 촉진법이라는 촉진법 형태로 제안을 하였으나 국회에서 발의한 형태의 기본법 형태로 활용되어 왔다. 기존의 자원순환기본법 자체가 기본법(모법)의 지위를 가졌음에도 불구하고, 역할이 부족하다는 의견이 지속적으로 제기되며 순환경제사회 전환 촉진법은 촉진법(특별법) 형태로 개정되었다. 기존의 자원순환기본법에서 추진했던 사업들 또한 자원순환이 아닌 순환경제에 초점을 맞추어 추진되고 있다. 순환경제기본계획은 하향식 계획으로 10년마다 수립되며, 자원순환기본계획이 아닌 순환경제기본계획을 앞으로 수립을 하고 탄소중립녹색성장 위원회 심의 후 국회 환경노동위원회에 제출된다.

 ## 순환경제 개념의 명시화

기존에 순환경제라는 개념은 법적으로 정의되지 않았으나, 순환경제사회 전환 촉진법에서는 순환경제에 초첨을 맞추어 순환경제 개념을 명확하게 정의하였다는 점에서 의의가 있다. "순환경제"란 제품의 지속가능성을 높이고 버려지는 자원의 순환망을 구축하여 투입되는 자원과 에너지를 최소화하는 친환경 경제체계를 말한다. 기존 자원순환의 개념이 이미 발생된 폐기물을 재활용하는 등의 사후관리에 중점을 두었다면 순환경제의 개념은 경제체계 내에서 자원의 전과정의 순환성을 개선시키기 위해 자원을 최대한 활용하며 환경에 대한 영향을 최소화하고, 자원 활용의 결과로 발생하는 폐기물의 발생을 줄이며 이를 투입요소나 재화, 에너지로 재이용·재활용하는 경제체계이다. 또한, 기존의 자원순환에서 사용하던 순환이용이라는 용어도 더욱 명확하게 정의한 것 또한 다른 부분이다. 기존에는 재활용을 포함하였다면, 순환이용에서는 재활용뿐만 아니라 재사용까지 의미를 확대했다. 순환원료라는 정의도 마련되었는데, 기존 재활용원료, 재생원료라고 쓰던 용어를 순환원료라는 용어로 변경하였다.

순환경제사회 전환 촉진법의 정의

◉ 순환경제사회 전환 촉진법 (시행 2024. 1. 1.)

제2조(정의) 이 법에서 사용하는 용어의 뜻은 다음과 같다.

1. "순환경제"란 제품의 지속가능성을 높이고 버려지는 자원의 순환망을 구축하여 투입되는 자원과 에너지를 최소화하는 친환경 경제 체계를 말한다.
2. "순환경제사회"란 모든 사회의 구성원이 함께 노력하여 순환경제를 달성함으로써 환경 보전과 온실가스 감축을 동시에 구현하는 사회를 말한다.
3. "순환이용"이란 다음 각 목의 어느 하나에 해당하는 활동을 말한다.
   가. 사람의 생활이나 산업활동에서 사용된 물질 또는 물건을 다시 자원으로 재사용 및 재생이용하는 등 환경부령으로 정하는 일련의 활동
   나. 폐기물로부터 「에너지법」 제2조제1호에 따른 에너지를 회수하거나 회수할 수 있는 상태로 만드는 활동
4. "순환원료"란 사람의 생활이나 산업활동에서 사용되었거나 사용되지 아니하고 수거된 물질 또는 물건의 전부·일부를 원형 그대로 또는 가공을 거쳐 순환이용할 수 있는 물질로서 대통령령으로 정하는 것을 말한다.
5. "순환자원"이란 제21조 또는 제23조에 따라 환경부장관이 산업통상자원부장관과 협의하여 인정하거나 지정·고시한 물질 또는 물건을 말한다.
6. "자원순환"이란 환경정책상의 목적을 달성하기 위하여 폐기물의 발생을 억제하고 발생된 폐기물을 순환이용하는 등 자원의 순환과정을 환경친화적으로 이용·관리하는 것을 말한다.
7. "자원순환산업"이란 폐기물을 최대한 순환이용할 수 있도록 하거나 순환경제사회로의 전환을 위하여 필요한 기술과 제도를 연구·개발하는 산업으로서 산업통상자원부장관과 협의하여 환경부령으로 정하는 업종(業種)의 산업을 말한다.
8. "자원순환시설"이란 생산공정에서 폐기물의 발생을 억제하거나 폐기물을 순환이용하는 데 사용되는 시설·장비·설비 등으로서 환경부령으로 정하는 것을 말한다.

순환경제 단계별 제도(생산 - 설계 - 유통 - 소비)도 보다 명확히 하고 세분화되었다. 설계단계에서는 제품을 처음에 설계할 때부터 이 제품이 나중에 재활용이나 자원순환이 잘되도록 한다. 기존에 자원재활용법상 자원순환성 평가 제도가 있었으며, 2016년 순환이용성 평가 연구를 통해 기존에 있었던 자원순환성 평가 기준이 여러 측면에서 한계점이 도출되었다. 그래서 이런 부분들을 좀 명확하게 보완하고자 자원순환기본법에서 순환이용성 평가로, 순환경제사회 촉진법에서는 전주기를 평가하는 형태로 조금 더 확장되었다고 볼 수 있다.

　생산 단계에서는 재활용원료, 재생원료라고 쓰던 용어를 순환원료로 변경하였으며, 순환원료의 사용을 촉진하기 위해 소재 개발 및 개량, 실용화를 위한 연구개발을 지원한다. 또한 기존 자원순환성과관리 제도에서 순환경제 성과관리제도로 명칭이 변경되었고, 폐기물 발생 감량에 대한 목표가 신설되었다.

　유통단계가 가장 중요한 변화로 볼 수 있다. 유통 과정의 관련된 제도가 신설되었으며, 기존에는 생산자 위주로 폐기 이후에 평가를 했다면, 새로 유통 포장재에 순환이용 의무를 부과하였다. 코로나 이후 온라인 쇼핑을 통해서 유통업자들이 유통한 여러가지 우리 물품을 구매하는 과정은 일상생활에서 배제할 수 없는 과정이 되었다. 이러한 유통과정의 포장재에 대한 순환이용 의무를 부과하는 제도도 설계되었다.

　소비단계에서는 기존에 사용 후 폐기물로 쉽게 버려진 폐기물에 대하여, 예비부품의 확보와 배송 및 제품수리에 필요한 사항 등 다시 한번 수리하여 사용할 수 있도록 수리권의 보장이 명확하게 추가되었다.

폐기물 관련 사업은 인허가와 입지 규제를 받아 사업화가 쉽지 않다. 코로나 이후 배달용기와 관련 쓰레기가 많아지면서 배달 폐기물을 재활용하려는 순환경제 사업들이 생겨나기 시작하였다. 하지만 폐기물 처리 시설은 입지 제한이 있어서 사업화가 어려운 부분이 있다. 예를 들어 일상생활에서 버려진 배달 용기는 쓰레기지만 쓰레기를 처리하는 처리업자는 주거지역 내에서 사업 활동을 할 수 없기 때문에 인허가를 받아야 한다. 그렇다고 이렇게 순환경제 전환에 반드시 필요한 사업이라도 법과 제도를 개선하여 허가를 받기 위해서는 최소 2~3년에서 5년까지 소요되는 어려움도 있다. 이러한 문제 때문에 신규 사업에 대한 규제 샌드박스가 주목받고 있다. 규제 샌드박스를 도입함으로써 빠른 실용화가 필요한 순환경제 분야 사업에 일정 기간 규제를 면제하고, 유예를 시키도록 한 것에 큰 의미가 있다.

　순환자원이라고 하는 것은 폐기물 중 유해하지 않고, 유가성이 있어 폐기물 규제에서 제외되는 물질이다. 즉, 기존 폐기물에서 폐기물이 아닌 물질로 가는 과정이라고 생각하면 된다. 폐기물이라는 용어를 꼬리표로 달고 움직이게 되면 지속적으로 기존 법에 의해 규제를 받게 되지만 폐기물이라는 꼬리표에서 벗어나면 하나의 자원으로써 인정받아 다양한 규제를 면제받을 수 있다. 순환자원에 대한 법 개정으로 기존에는 사업자가 개별 신청하여 순환자원으로 인정되었다면, 지정·고시를 통하여 별도의 신청 없이 순환자원으로 인정하도록 변경된 것 또한 의미가 있다.

순환경제를 활성화하기 위한 다양한 계획이 존재한다. 2021년 12월, 대통령 소속 '2050 탄소중립위원회'의 심의를 거쳐 한국형 순환경제 이행계획이 수립되었다. 자원순환기본법에 근거한 형태로 이행계획이 수립되었으며, 이행계획의 주요한 내용은 새로운 순환경제 가치 창출과 규제를 완화하는 것에 집중되었다.

한국형 순환경제 이행계획 (2021.12.30.)

    Ⅰ. 생산·유통단계 자원순환성 강화

    Ⅱ. 친환경 소비 촉진

    Ⅲ. 폐자원 재활용 확대

    Ⅳ. 안정적 처리체계 확립

    Ⅴ. 순환경제 사회로 전환

규제 샌드박스 등을 통한 규제완화와 지속가능한 제품을 계속 생산하기 위해 재활용이 잘되는 재질구조 평가라는 기준을 만들었으며, 재생원료를 확대해서 추진하도록 하는 목표를 수립했다. 기존에는 고철이나 종이, 유리병 같은 경우 원료 생산자가 재활용할 수 있도록 의무가 부여됐는데 플라스틱도 일정 비율 사용하도록 확대하는 내용이 담겨 있다. 소비·유통 과정에서 폐기물 감량을 위하여 수리권 도입과 다회용기 사용, 포장 최소화 등의 대책들도 지속적으로 추진해 오고 있다.

현재 재활용에 대하여 국민이 불편함을 느끼는 부분이 많다. 이러한 문제를 해결하기 위해 국민이 편리한 고도화된 선별 기술이 도입되고, 거기에 걸맞게 분리배출이 잘 이루어진다면 국민에게 철저한 분리배출을 요구하지 않아도 될 것이다. 기존 수선별 방식에서 AI 또는 광학선별 방식으로 공공 선별장을 현대화하여 선별체계 고도화가 추진되고 있다. 또한 고부가가치 재활용 시설 안에 열분해 시설 확대와 바이오 가스 생산 등이 주요 정책으로 진행되고 있다.

 ## 순환경제 활성화를 통한 산업 신성장 전략

2023년 6월, 순환경제 활성화를 통한 산업 신성장 전략이 수립되었고, 순환경제사회 전환 촉진법이 제정돼서 올해부터 시행되고 있기 때문에 이러한 순환경제가 단순한 자원순환이 아닌 산업 경쟁력을 활성화하는 비즈니스로 여겨지며 지원되고 발굴될 것이다. 이에 따라 CE 9 프로젝트(9대 산업 - 9대 프로젝트: 석유화학, 철강·비철금속, 배터리, 전자·섬유, 자동차·기계, 시멘트)가 제안되었다. 우리나라는 제조업 강국으로, 제조업 경쟁력을 바탕으로 한 산업별 특화 전략 추진이 필요하다. 전 세계적으로 플라스틱, 배터리 분야 순환경제가 활성화되고 있는 점을 감안하여, 기존 산업이 탄소중립형 산업으로 가기 위해 우리나라도 해당 분야의 순환경제 촉진을 위해 노력해야 한다. 국내에는 재생원료가 다시 산업계로 유입되어 활용되는 것에 제약이 있으며, 이러한 허들을 넘기위한 전략을 포함한다.

 ## 순환경제사회 전환 촉진법의 시사점

지금까지 순환경제사회 전환 촉진법의 내용과 유관계획을 정리해보았다. 환경부 단독 업무(폐기물관리법)나 부처 차원에서 규제하기 위한 법률이 아닌 범부처에 주요 업무로서 정부와 국민, 산업계 등 역할이 부여된 법률이라는 점에 의의가 있다. 순환경제라는 산업이 지속적으로 성장할 수 있도록 국가 전체적으로 지원을 하고 있다. 자원순환기본법은 입법 목적과 달리 '생산자'에 대하여 순환이용을 촉진하였으나 순환경제사회 전환 촉진법에서는 생산-유통-소비-재활용이라는 순환경제 전 과정을 포괄하고 있으며, 폐기물의 전제를 배제하고 정의하고 있다는 점도 주목할 만하다. 순환자원인정제와 규제 샌드박스 제도 운영으로 규제 문턱을 완화하여 순환경제 산업이 지속적으로 성장할 수 있도록 보다 적극적으로 지원해 나갈 것으로 보인다. 환경부, 산업부, 과기부, 국토부가 추진하는 CE 9 프로젝트 추진과 동시에 사업화 진행 속도에 발맞춰 신속한 규제 개선이 이루어지도록 부처 간 협의체 또한 마련될 것으로 보인다. 순환경제사회 전환 촉진법 시행에 따라 국내 지속가능한 순환경제 사회 전환이 가속화되길 기대한다.

탄소중립을 위한 건설 산업의 순환경제

박주영 서울대학교 교수

건설 산업의 자원소비와 탄소배출

탄소중립 목표 달성을 위해서 건설 산업의 역할은 중요하다. 여기서 말하는 건설 산업은 건물 및 인프라를 짓고 운영하는 모든 과정에 관계된 산업, 즉 설계, 자재생산, 시공, 운영보수, 해체 및 폐기물 관리까지 전 생애주기 단계에 걸친 산업을 의미한다. 전 세계적으로 건물 부문의 이산화탄소 배출량만 총 배출량의 37%를 차지하는 것으로 추정되고 있다. 이 중 28%는 건물의 운영 단계에서 소비하는 도시가스, 전력 등으로 인한 배출이고, 나머지 9%는 건물을 짓기 위해 시멘트, 철강, 알루미늄, 유리 제품을 생산하는 과정에서 발생하는 것으로 보고되고 있다. 전자를 건물의 운영 단계에서 발생하는 탄소, 즉 운영탄소(operational carbon)라고 하고, 운영 단계 외에서 자재 생산, 유지보수, 해체에 의한 탄소배출을 내재탄소(embodied carbon)라고 한다. 인프라의 경우, 운영탄소의 배출이 거의 없기 때문에 대부분의 배출이 내재탄소이며, 인프라 부문의 내재탄소 배출은 건물 부문 내재탄소 배출의 46% 수준으로 추정되고 있다. 이를 합하면 건설 및 인프라 부문의 탄소 배출은 총 배출의 40%가 넘을 것으로 추정된다.

건설 산업에서 이렇게 많은 탄소가 배출되는 것은 산업 전반에서 소비하는 에너지 및 비에너지 자원이 상당하기 때문이다. 전 세계 자원 소비량은 2024년 1,000억톤을 넘어서는 것으로 추정되는데, 이 중 48%가 골재와 시멘트와 같은 비금속 자원이다. 철강의 경우, 전 세계 소비 10억톤의 절반 이상이 건물 및 인프라 부문에 사용된 것으로 추정된다. 국내의 경우, 2021년 기준 약 550백만톤의 자원이 국내에서 채굴되고 공급되었는데, 이 중 98% 이상이 골재와 석회석을 포함한 비금속 자원이다. 이러한 규모의 자원 소비는 탄소배출뿐만 아니라 자원 수급의 위험을 높이고 있다. 고갈의 걱정이 없어 보이는 모래(잔골재) 또한 수급의 한계에 달하고 있다. 이러한 건설자재 소비의 결과 대량의 건설 폐자재가 발생하며, 이러한 폐자재를 적절히 재활용하지 못하는 경우 처리 또한 골칫거리이다. 이렇듯 우리 삶의 터전, 도시의 뼈대를 이루고 있는 건물과 인프라를 어떻게 짓고 운영하느냐는 탄소배출을 비롯하여 환경에 큰 영향을 미친다.

 운영탄소를 넘어 내재탄소 관리로

그렇다면 건설 부문에서 탄소배출을 줄이기 위해 어떠한 노력이 이루어지고 있을까? 한국을 비롯하여 많은 국가의 탄소중립 로드맵에서는 주로 건물 부문, 그리고 시멘트 및 철강 산업을 포함한 산업 부문으로 나누어 각 부문의 탄소 배출량을 집계하고, 이 부문에서의 탄소배출을 줄일 수 있는 실행 방안을 추진하고 있다. 국내 건물 부문의 탄소배출량은 국가 배출량의 7%를 차지하는 것으로 추계되고 있는데, 이는 건물 운영 단계에서의 직접적인 에너지 사용만 대상으로 하고 있기 때문이다. 건물 운영 단계에서의 전력 사용까지 포함하면 이 비중은 24%까지 늘어난다. 국토교통부에서는 2021년 12월 건물 부문에서 2018년 탄소배출량 대비 2030년까지 38% 감축을 목표로 하는 로드맵을 발표하였다. 이 로드맵에서는 운영탄소 감축을 위한 실행방안으로 신축 건축물 제로에너지화, 기축 건물의 그린 리모델링와 같은 에너지 효율화에 초점을 두고 있다. 내재탄소에 대한 구체적인 관리 방안은 아직 마련되지 않은 상황이다.

해외에서는 운영탄소 뿐만 아니라 내재탄소 관리를 위한 움직임이 빠르게 이루어지고 있다. 세계그린빌딩협회(World Green Building Council)에서는 이미 2021년에 2050년까지 모든 신축 건물 및 인프라 개보수 내재탄소의 넷제로를 달성할 것을 선언하였다. 전 세계적으로 건물 에너지 효율 제고 노력이 이루어지고 있는 상황에서, 내재탄소에 대한 관리가 이루어지지 않는다면 앞으로는 오히려 건물 내재탄소가 더 문제가 될 것이라는 인식에서다. 실제로 일부 연구에서는 에너지 효율이 높은 패시브하우스의 경우 운영탄소에 비해 내재탄소 배출 비율이 훨씬 크다는 결과를 보고하기도 하였다. 이에 따라 일부 유럽국가에서는 운영탄소를 넘어 내재탄소까지 관리하기 위해 건물 총탄소(whole life carbon) 규제를 도입하고 있다. 이러한 규제를 가장 먼저 도입한 국가는 덴마크로, 2021년 지속가능건설 국가전략에서 2023년 이후 신축되는 건물 중 연면적 1,000m^2 이상의 건물의 경우, 연간 단위면적 총탄소 배출이 12kg을 넘지 못하도록 하고 있다. 최근에는 이 기준을 더욱 강화하였다.

◐ 덴마크 지속가능건설 국가전략(2021년)의 총탄소 규제 로드맵

	2023년 이후	2025년 이후	2027년 이후	2029년 이후
신축 건물 연면적 1,000m^2 이하	총탄소 기준 없이 LCA 결과보고 의무화	10.5 kg CO$_2$eq/m^2/year	9 kg CO$_2$eq/m^2/year	7.5 kg CO$_2$eq/m^2/year
신축 건물 연면적 1,000m^2 이상	총탄소 규제기준 12 kg CO2eq/m^2/year			
자발적 기준	기준 8 kg CO2eq/m^2/year	7 kg CO$_2$eq/m^2/year	6 kg CO$_2$eq/m^2/year	5 kg CO$_2$eq/m^2/year

운영탄소를 줄이기 위해서는 에너지 효율을 높이는 노력이 필요하지만, 내재탄소를 줄이기 위해서는 모든 자원의 효율을 높이는 노력이 필요하다. 건물을 설계할 때부터 예상 탄소 배출량을 모니터링하면서 물량 투입을 최적화하고, 탄소흡수 콘크리트나 목재와 같은 저탄소 자재를 사용하며, 시공 효율을 높이고 손쉽게 해체하여 재사용 및 재활용을 촉진할 수 있는 모듈러와 같은 공법을 도입하여야 한다. 또한 사용 단계에서도 건물이나 인프라가 지어진 후 잘 활용될 수 있도록, 또 오래 사용될 수 있도록 하는 것이 중요하다. 유럽에서 이루어진 조사에 따르면, 오피스 건물의 60%가 근무 시간 중 사용되지 않고 있다고 한다. 이러한 문제 인식에 따라 공유 및 스마트 오피스, 하이브리드 근무, 코하우징, 쉐어하우스와 같은 대안적인 비즈니스 모델이 논의되고 있다. 또한 건설자재 재활용을 촉진하기 위한 건물의 자재 여권(material passport), 더 나아가 건물 자체의 여권(building passport)도 도입하려는 노력도 이루어지고 있다. 이는 자재 및 건물에 대한 다양한 정보를 블록체인과 같은 기술을 이용하여 여러 이해관계자가 정보 접근성에 따라 실시간으로 안전하게 공유하고자 하는 방식으로, 배터리의 경우 이미 배터리법을 통해 이러한 제품 여권을 통해 탄소배출량이나 재사용 금속에 대한 정보를 보고하도록 추진하고 있다.

이렇듯 건설 산업 전 영역에서 자원을 효율적으로 사용하자는 움직임이 순환경제이다. 순환경제는 건설 폐기물의 재사용과 재활용과 같이 마지막 단계에서의 전략뿐 아니라 건물을 설계하는 첫 단계에서부터 변화를 요구한다. 시멘트와 철강 제품을 생산하는 단계에서 청정생산과 저탄소 기술의 도입을 요구하는 것뿐만 아니라 건물 자체를 소비하는 과정에서 건물을 더욱 집약적으로 활용할 수 있는 새로운 공유 비즈니스 모델의 도입을 추진한다. 이러한 전 생애주기를 포괄하는 접근법을 통해 기존의 분절적인 접근법으로는 파악하지 못했던 추가적인 전략을 발굴하고 추진할 수 있다. 하지만 이러한 순환경제 추진을 위해서는 건설 산업 전체에서 모든 이해관계자의 노력과 협업이 필요하며, 이는 산업 전반의 혁신적인 변화를 요구한다.

15

순환경제 글로벌 스타트업 비즈니스 모델과 시사점
: 딥테크 활용 기술사업화 관점에서

서경원 코다(CODA) 대표이사

2024년 여름.

필자가 군대에서 근무하며 수시로 오침을 했던 1994년을 뛰어넘는 폭염과 열대야 그리고 예측하기 힘든 아열대성 소나기로 채워진 여름이었고, 많은 기후환경 전문가들은 현재가 앞으로 가장 시원한 여름이 될 것이라는 무거운 미래 기후 예측이 이슈가 되었다. 기후변화의 원인 중 하나로 자원의 남용과 과잉 소비에 기반한 자원 경제 시스템은 심각한 환경오염을 유발함과 동시에 온실가스 배출 증가의 원인이 되고 있다. 우리나라와 더불어 세계적으로 2050년 탄소중립(Net Zero)을 선언하며 탄소배출량 감축의 한 축으로 자원보전과 온실가스 감축 등 지속가능한 소비 및 생산을 위한 순환경제를 촉진하는 것은 인류 생존을 위한 피할 수 없는 과제이다. 엘런맥아더재단(Ellen McArthur Foundation; EMF)에 따르면, 전 세계 온실가스 배출량의 55%만 에너지 관련 정책으로 해결할 수 있다고 하고, 나머지 45%는 물질을 생산하고 소비, 폐기하는 과정에서 배출되므로, 탄소중립을 이루려면 순환경제가 필수적이라 밝히고 있다.

탄소중립을 위한 순환경제 모델은 크게 폐기물 감소, 자원 보존 및 기후변화 대응 모델로 구분될 수 있으며, 폐기물 감소 모델은 선형 경제 (Take, Make, Waste)로의 변화에 따른 자원의 순환 폐루프 설계로 폐기물의 양을 최소화하는 모델과, 자원 보존 모델은 새로운 원자재의 수요와 추출 및 생산에 필요한 에너지를 감소시킬수 있는 모델 및 기후변화 대응은 폐기물과 에너지의 소비를 최소화하여 탄소배출량 감축에 대응하는 모델로 새로운 비즈니스모델들이 만들어지고 있다, 기존의 산업에 신산업 분야 즉, 딥테크 분야의 새로운 기술들이 융합되어 새로운 수익원을 창출하며 탄소중립 실현의 산업생태계를 이끌어갈 수 있는 스타트업의 출현과 약진이 필요한 시점이다.

순환경제 모델의 상위적 개념에서 기존 스타트업들은 선형 경제 모델의 기술 융합을 통해 제품 또는 서비스에 새로운 기술을 어떻게 고도화시킬 수 있을까에 대한 고민과 기술 융합을 시도하고 있다. 그러나, 대부분의 스타트업은 기존 순환경제가 적용한 적정기술을 유지, 발전시켜가면서 우리나라가 비교적 선진화되어 있는 디지털 기술과 IoT의 융합에 집중되면서 디지털 기술의 아이디어를 활용한 창업이 주로 이루어지고 있고, 이러한 디지털 기술이 적용된 비즈니스모델은 사용자(구독자) 확보 및 서비스의 자동화와 고도화에 초점을 맞춰 개발되고 있다.

이와 같은 디지털 기술이 적용된 순환경제의 스타트업 유형 외에도 로보틱스, 나노, 에너지스토리지 및 하베스팅 등의 물리적 기술 및 바이오에너지, DNA마킹, 바이오재료, 유전공학 등 생물학적 기술이 적용된 순환경제 모델을 적용한 스타트업이 창업되고 있으나, 현재로서는 폐기물의 재자원화와 업사이클링 모델이 주로 채택되고 있고 생분해 및 비화학적 처리와 재가공에 물리적, 생화학적 기술 등이 적용될 때, 기술의 초기적 모델이 적용됨에 따라 아직까지는 주변 환경이 클린하지 못하고 수작업에 의존하는 작업이 많아 3D 업종으로 인식이 고착되는 경향이 강하다.

또한, 비즈니스모델의 매출 향상 구조를 볼 때, 폐기물의 수거와 재자원화 이전의 과정이 지자체 및 정부기관을 상대로 한 공공의 영역에 집중되고, 폐기물의 처리와 업사이클링 자원의 활용 부분에서는 정부사업에 의존성이 크기 때문에 공공영역의 협력이 중요한 요소로 작용되며, 초기투자 및 단계별 시리즈 투자를 유치하기가 다소 어려운 단점이 있다.

앞서 언급한 바와 같이, 순환경제를 통한 탄소중립을 실현하기 위한 기술융합에 의한 혁신 스타트업의 산업생태계 창출과 성장을 위해서는 디지털, 물리적, 생물학적 기술 분야의 딥테크가 적극적으로 활용되는 것이 바람직하다. 이에 대한 국내외 사례를 좀 더 살펴본다면 다음과 같다.

 ## 순환경제 글로벌 스타트업의 비즈니스모델 사례

1) 캐나다 Li-Cycle Corp.

2016년에 설립된 기업으로, 습식 제련 기반 Li-ion 배터리 리사이클링 기술(Spoke & Hub)을 보유하고 Li-ion 폐배터리를 최대 95% 재활용률로 리튬(Li), 니켈(Ni), 코발트(Co)로 분해하고 회수하여 원자재 형태로 재활용하는 사업 모델을 성공적으로 진행하고 있다. Li-ion Corp.는 Peridot Acquisition Corp.와 역합병을 통해 5.8억 달러의 자금을 조달하고 미국 에너지부 ATVM 대출 프로그램을 통해 3.75억 달러 규모의 조건부 대출을 약정 체결하면서 풍부한 사업 자금을 확보하였다. 국내의 LG화학, LG에너지솔루션을 비롯하여 중국, 일본 등의 글로벌 배터리 제조업체와 공급 계약을 체결하였으며, 블룸버그 컨센서스 기준 2024년도 매출 5.1억 달러, 영업이익 6,990만 달러, 순이익 4,430만 달러 달성이 예상되고 있다. Li-ion Corp. 기업 사례는 국내에서 보기 드물게 자회사가 모회사를 역합병하는 플랫 방식으로 미국의 국외 기업에 대한 대규모 자금 대출을 유치한 순환경제 스타트업의 성공사례로 주목을 받고 있다.

2) 호주 FutureFeed Corp.

호주에서 설립된 FutureFeed Corp.는 호주의 공공기술을 활용한 스핀오프 기업으로, 반추동물의 장내 메탄 배출량의 80% 이상을 감축할 수 있는 기술을 호주의 공공기관으로부터 이전을 받아 글로벌 성공사례로 꼽히고 있다. 전 세계의 CO_2 배출량 중에서, 소, 양, 염소, 버팔로 등 반추동물의 장내 발효를 통한 메탄 배출을 통한 CO_2 배출량이 농업 부문에서 배출되는 CO_2 배출량의 39% 내외를 차지하고 있다. 이는 전체 CO_2 배출량에서 적지 않은 수치로 온실가스를 상승시키는데 주범이 되고 있으며, 반추동물의 특성상 수집 또는 수거를 통해 재활용하기도 어려운 문제가 있다. FutureFeed Corp.의 기반 기술은 해조류, 특히 바다고리풀(Asparagopsis)로 제조되는 사료보충제를 개발하여 사료와 함께 섭식시켜 반추동물의 장내 소화 과정에서 배출되는 메탄 배출량의 80% 이상을 감축이 가능한 기술로 적극적인 신시장 개척을 진행하고 있다.

FutureFeed Corp.는 바다고리풀을 이용한 사료 제조 기술을 2020년 호주 연방과학산업연구기구(The Commonwealth Scientific and Industrial Research Organisation, CSIRO)로부터 이전받아 스핀오프하였으며, 추가적인 자체 R&D를 통해 해조류(Asparagopsis) 기반의 사료 보충제의 글로벌 특허권 취득한 후 호주, 미국, 유럽 등 9개 기업에 라이센스를 체결한 것을 기반으로 총 총 1,940만 달러의 투자를 유치하였다.

이와 같이, 해외에서는 순환경제의 선순환 구조하에서 아이디어와 딥테크 영역이 뒷받침되는 스타트업들이 대형 투자유치를 통해 다양한 신사업을 전개하고 있고, 공공의 영역 외에도 B2B와 B2C 기반의 비즈니스모델로의 확장으로 수익성을 담보한 기업 성장이 이루어지고 있다.

반면에, 우리나라는 앞서 언급한 바와 같이 초기 스타트업이 공공 영역에서의 사업과 글로벌 진출 역량을 갖추는데 아직 어려움을 겪고 있는 기업이 많고, 이에 따라 수익성 부분에서 투자유치를 위한 조건을 만족시키기가 어려워 기업을 산업적으로 일정 위치 이상 성장시키는 데 어려움이 있는 것이 사실이다.

최근에, 누비랩(NUVILAB, AI 푸드 스캐닝 기술 기반 음식물 쓰레기 절감 모델)이 구글이 선정하는 10대 친환경, 순환경제 스타트업에 선정되거나, 과기부 인증의 연구소기업으로 수퍼빈(superBin)이 인공지능기반 재활용품 수거기기를 제조하여 지자체에 '네프론'으로 명명된 순환자원 회수로봇을 설치하고, 이를 통해 수거된 폐플라스틱으로부터 플레이크를 재생원료로 가공하여 각광을 받고 있으나, 대형 투자유치를 통해 비즈니스모델을 발전을 시키는 데에 한계가 있었다.

이러한 가운데, 2024. 1. 1.부터 시행되는 순환경제사회 전환 촉진법은 종래 폐기물의 발생 억제, 순환이용 및 처분에 초점을 두고 있던 자원순환기본법에서 한 걸음 더 나아가 생산·소비·유통 등 전 과정에서 자원의 효율적 이용과 폐기물의 발생을 억제하고, 순환이용 촉진을 도모함으로써 지속가능한 순환경제사회를 만드는 데 초점을 두고 있다.

이에 따라, 순환경제 신기술 및 서비스 활성화를 위한 규제 샌드박스 규정을 두어 순환경제 관련 산업이 국가의 새로운 경제성잘 동력으로 성장할 수 있도록 중점을 두고 있으므로, 국내의 순환경제 스타트업들도 좀 더 나은 산업 환경에서 지원을 통한 성장 가능성이 높아질 수 있음이 기대된다.

자원순환기본법		순환경제사회 전환 촉진법
- 폐기물의 발생 억제 - 순환이용 및 처분	→	- 생산·소비·유통 등 전 과정에서 자원의 효율적 이용과 폐기물 발생 억제, 순환이용 촉진을 도모 - 순환경제 신기술 및 서비스 활성화

 글로벌 협력이 가능한 비즈니스모델의 성장 가능성

서두에 언급하였듯이, 전 세계적으로 직면한 기후 위기와 환경 문제는 국제적인 공동 대응이 필요하고 효과적이라는 데에는 이견없이 합의되고 있으며, 기후 기술 분야는 전략적인 국제 공동연구와 공동협력이 활발하게 논의되고 있다. 또한, 주요 선진국들이 전략기술 분야를 선정하고 자국의 기술 선진화를 위하여 기술보호에 힘쓰고 있는 가운데, 기후 기술 분야는 전략기술 분야에서 포함되지 않고 비교적 자유로운 해외 협력과 공동연구가 가능한 기술분야로 채택되고 있다.

우리나라의 과기부, 산업부, 중기부 등 창업, 기업성장 및 R&D를 주관하는 정부부처들은 정부출연연구원과 대학 등에서 산출되는 R&D 결과물 중에서 딥테크 분야의 기술들을 적극적으로 활용한 창업 및 기업 성장 촉진 정책을 펴고 있으며, 그 요소기술들을 연구자 및 연구팀이 적극적으로 지원 또는 참여하여 국내뿐만 아니라 글로벌 진출까지 성장시키는 딥테크 및 딥사이언스 사업화 지원 모델을 구축하여 실행하고 있다.

다만, 사업화 단계에서 딥테크 기반의 기업 성장을 위해서 다양한 형태로 기술개발(기술적용, 이전) → 검증(PoC) → 시제품 제작 → 양산화 → 제품화의 각 단계별로 비용과 진행 속도를 가속화할 수 있도록 연구자와 같은 기술 파트너와, 사업화의 어려움을 코디네이션할 수 있는 사업화 파트너가 중요한 역할을 할 수 있는 분위기 조성이 필요하다. 이러한 분위기가 조성될 때, 국내 순환경제 산업 분야에서 다수의 비즈니스모델이 공공영역에 한정되거나 단순한 디지털 기술만으로 제한된 서비스로 국한되지 않고 새로운 아이디어와 데스밸리(죽음의 계곡)를 충분히 극복할 수 있는 성장의 힘이 만들어질 수 있다.

결론적으로, 다소 경직된 순환경제 산업 생태계가 성장 가능성 및 지속가능성이 높은 아이디어와 딥테크 기반 기술을 토대로 글로벌 진출을 위한 비즈니스모델의 스케일업과 글로벌 대형 M&A를 고려한 사업화가 촉진될 수 있기를 기대한다.

16

순환 경제를 위한 플라스틱 바이오업사이클링 처리 솔루션
: 바이오플라스틱 분해 차세대 생물자원 및 업사이클링 기술 개발

김종훈 국립부경대학교 교수

플라스틱 오염 현황 및 순환 경제

플라스틱의 경제성과 사용의 편리성으로 사용범위 및 사용량이 지속적으로 증가함에 따라, 매립지에 버려지고 생태계로 유입되는 플라스틱 폐기물이 심각한 환경오염 문제를 야기하며 국가적 환경 문제로 주목받고 있는 상황이다. 플라스틱 오염은 해양생물, 환경, 인간의 건강을 위협하는 세계적인 위기를 초래하고 있다. 1970년대 이후 플라스틱 생산량은 다른 어떤 물질보다 빠르게 증가하고 있고, 현재 매년 약 4억 톤의 플라스틱 폐기물이 배출되고 있다. 이러한 성장 추세가 계속된다면 2050년에는 전 세계 1차 플라스틱 생산량이 1,100억 톤에 달하고, 해양의 플라스틱 쓰레기 무게는 물고기보다 많아질 것으로 예상되고 있다(UN EP, 2023). 특히 국내의 경우 코로나 팬데믹의 여파로 배달 및 온라인 플랫폼에 대한 의존도가 증가함에 따라 폐플라스틱의 발생량 또한 급속도로 증가하고 있는 상황이다.

한편, 자원 소비의 증가로 인한 경제 위기, 환경 위험 증가가 발생할 수 있음이 지적되며 최근 순환 경제의 중요성이 강조되고 있다. 현재 글로벌 순환 경제 시장 규모는 2030년까지 4.5조 달러로 성장할 것으로 전망되는 가운데, 플라스틱 분야가 순환 경제 시장에서 가장 먼저 활성화되며 초기시장을 주도 중이다(2021년 424억 달러에서 2027년 6387억 달러로 성장 전망). 순환 경제 정책을 주도하는 EU는 탈플라스틱 기조를 지속적으로 강화시키고 있으며, 이에 따른 플라스틱 규제 강화는 일부 국가 차원의 범위를 넘어 현재 국제협약으로 가시화되며 2023년 4월 G7에서 2040년까지 플라스틱 오염을 종식하겠다는 내용의 성명서를 발표하였다. 이에 플라스틱 규제 대응에 그치기보다는, 순환 경제의 관점에서 신소재 친환경 제품 개발(바이오플라스틱) 등의 적극적인 대처를 통해 플라스틱을 대체하는 새로운 시장을 선점하는 기회로 활용하려는 움직임이 지속되어 왔으며, 전 세계에서 면밀한 대응과 함께 새롭게 만들어지는 생분해성 플라스틱 시장에 주목하고 있다.

 ## 바이오플라스틱의 정의와 현황

바이오플라스틱 또는 바이오폴리머란 재생 가능 자원에서 생산된 플라스틱을 의미하며, 현재 명확하게 규정된 정의는 없다. European bioplastics에 의하면 일정 조건에서 미생물에 의해 완전히 분해될 수 있는 생분해성 플라스틱과 식물 등에서 유래한 바이오매스를 원료로 이용한 바이오매스 플라스틱으로 구분된다. 생분해성 플라스틱이란 미생물에 의한 분해작용으로 수개월 또는 수년 이내 H_2O, CO_2 및 CH_4 등으로 완전 분해되는 플라스틱을 의미하며 바이오 기반 플라스틱 중 생분해성이 나타나지 않는 특성을 가진 것도 존재한다. 현재, 생분해성 플라스틱은 특정 조건 내 6개월 이내 90% 이상, 45일 이내 60% 이상 분해가 완료된다는 장점이 기존에 보고되었으나, 약한 물성, 생산성, 가격경쟁력, 분해 및 재활용 어려움 등으로 인하여 상업화에 한계가 있는 상황이다.

최근 미국 및 EU 등 선진국은 탄소 저감 등을 위한 산업적 대안으로서 바이오플라스틱 등 화이트바이오 산업을 주목하고 있으며, 폐플라스틱과 미세플라스틱으로 인한 환경오염 심화에 따른 일회용 플라스틱 제품 사용규제를 강화하고 있다. 국내의 경우, 2030년까지 플라스틱 폐기물 발생량 50% 감축 및 재활용 70%를 목표로 한 종합대책과 함께 '화이트바이오 산업 활성화 전략'을 통한 바이오플라스틱 시장 활성화 계획을 발표하였다. 바이오플라스틱 세계 시장 규모는 2020년 약 104억 달러에서 연평균 21.7%로 성장해 2025년 약 279억 달러가 될 것으로 전망된다. 유럽, 미국, 아시아/태평양 시장이 전체 시장의 92%를 차지하고 있으며, 아시아/태평양 시장의 경우 연평균 25%로 성장하여 2025년경에는 북미 및 유럽과 비슷한 규모의 시장을 형성할 것으로 전망된다. 국내의 시장 규모는 2025년 약 3억 달러에 도달해 세계 시장의 1%를 차지할 것으로 예측되고 있는 상황이다.

 ## 바이오플라스틱의 친환경 논란과 이슈, 그린워싱

최근, 생분해성 플라스틱이 실제 다양한 환경조건에서 완벽하게 생분해가 이루어지지 않으며, 미세플라스틱을 발생시킨다는 문제가 제기됨에 따라 '그린워싱'이라는 개념이 등장하게 되었다. 생분해 플라스틱은 자연환경 조건을 반영하지 않은 통제된 형태의 실험실 또는 유기 비료 조건 등의 이상적인 조건 내 평가되고 있으며, 다양한 자연환경을 충분히 반영하고 있지 않다. 실제 환경에서의 생분해성은 자연 내 복잡계 조건 및 생분해성 플라스틱의 물리화학적 특성에 의해 달라지며, 이에 따라 현재 상업화된 생분해성 플라스틱 대부분은 자연환경에 방출 시, 분해에 오랜 시간이 걸리거나 거의 분해되지 않는다고 보고되고 있다.

네이쳐웍스社는 생분해성 소재인 PLA를 개발해 오랜 기간 시장을 주도해왔으나, PLA는 58 ± 2℃의 '산업퇴비화'조건에서 분해되므로 그린워싱으로 지탄받고 있는 상황이다. 대한민국 환경부가 제정한 산업퇴비화 조건에 따르면, PLA는 ISO 14855-1에 따라 58 ± 2℃에서 180일 이내 90% 분해조건이나 자연 매립 환경에서는 이를 충족시키기 어려워 전용 분해시설과 분리수거 시스템이 필요한 상황이며, 그린워싱 논란이 지속됨에 따라 환경부는 2021년 11월 KS M ISO 17556(퇴비화 시설이 아닌 일반 토양에서 24개월 내 90% 이상 분해)를 도입하였다. 친환경 인증에서도 기존 생분해 플라스틱을 제외하기로 했으며 기존 인증을 받은 생분해 일회용 봉투 등도 2024년까지만 사용하도록 허용하고 있다. 현재 국내에는 PLA 등 생분해성 플라스틱의 리싸이클링 시설이 구축되지 않은바 바이오플라스틱의 친환경 분해서부터 시작해 리사이클링-업사이클링 플랫폼 구축이 요구되고 있다. PLA 등 생분해성 플라스틱 시장은 연평균 20% 이상 초고속으로 성장하고 있으나, '생분해'라는 허울 좋은 신기루에 가려 재활용 플랫폼의 중요성을 인식하지 못해 관련 투자가 국내외적으로 미미한 상황이다. 생분해 플라스틱 관련 화이트바이오산업이 성장하기 위해서는 회수 및 재활용 과정 등을 포함하는 융복합 기술이 필요하며, 기술적으로 자원의 재활용이 뒷받침되어야 한다. 따라서, 관련 시장의 지속적인 성장에 있어 글로벌시장 선점을 위해서는 생분해 플라스틱의 생물학적 분해와 더불어 업사이클링 기술 확보는 필수적인 요소라 할 수 있다.

 ## 탄소순환 원천기술 개발을 위한 생분해성 플라스틱 분해 기술

최근 화학적 부산물 없이 처리하기 위한 생물학적 분해에 대한 관심 및 수요가 증가하고 있다. 현재 직면한 생분해성 플라스틱의 생분해 및 재활용 이슈에 있어 다양한 분해 환경에서의 효율적인 생분해가 가능한 미생물 소재의 확보는 유용 분해 미생물 확보 및 유래 효소에 의한 분해 메커니즘 규명 등을 포함하는 기초 연구에서부터 분해 산물의 업사이클링 가능성 검증 및 통합생물공정 개발 등의 산업적 활용성 제고까지 전 주기적 연구개발에 있어 가장 중요한 전제조건이기에 매우 중요하다볼 수 있다.

에스테르계 플라스틱의 생분해성은 생분해 조건에서 미생물 균총과 미생물이 분비하는 효소의 해중합 활성에 의해서 결정된다. 하지만, 자연환경 또는 매립지에서는 관련 적합 미생물의 낮은 농도 및 이에 따른 해중합효소 비활성화 등으로 효율적 생분해성 플라스틱의 분해에 부적합한 상황이다. 이에 따라, 고효율 효소확보를 통한 해중합시스템 구축은 조건 생분해성 에스테르계 플라스틱의 완전 해중합 및 탄소순환을 위해 요구되고 있다. 또한, 생분해성 플라스틱은 미세플라스틱을 발생시킨다고 보고되고 있으며, 나노 스케일로 작아질 시 인간 혈액에 침투해 혈전을 형성하고 심장병 발병 위험을 5배 이상 증가시키는 등 건강상 위해성 문제가 제기되고 있다. 일례로, PLA가 토양 매립 환경에서 14개월간 분해 징후를 보이지 않았다는 연구 결과가 밝혀졌으며, 설령 분해되더라도 ㎛ 이하 사이즈의 작은 알갱이들로 토양 환경에 분산됨에 따라 결국 식물체 흡수 등으로 토양 생태계를 교란해 온전한 자원 순환을 이루지 못한다. 현재 매년 폭발적으로 성장하고 있으며, 글로벌 소비 트렌드로 자리잡은 생분해성 시장의 상황에서 탄소순환이 가능한 리사이클링 기술과 생분해성 플라스틱의 업사이클링을 통해 고부가가치의 새로운 유용 소재를 발굴하는 사업이 시대적으로 요구되고 있는 상황이다.

생분해성 플라스틱은 대부분 에스테르계 플라스틱으로, 열가소성 고분자의 큰 그룹을 구성하는 폴리에스테르는 모노머 구성에 따라 재활용이 가능하거나 생분해가 가능할 수 있다. 이론적으로 모든 폴리에스테르는 모노머를 연결하는 에스테르 결합이 가수분해 효소의 작용에 민감하기 때문에 생분해성(또는 생물학적/화학적 재활용 가능)으로 간주된다. 폴리에스테르에 있는 대부분의 지방족 에스테르 그룹은 퇴비화와 같은 특정 환경에서 다양한 속도로 화학적/효소적으로 분해될 수 있는 반면, 방향족 및 지방족 에스테르 그룹이 혼합된 폴리에스테르는 상대적으로 분해하기 어려우며 방향족 폴리에스테르는 생분해 또는 화학적 분해에 저항성이 있는 것으로 알려져 있다. 한편, 석유계성 플라스틱 중 에스테르계인 PET(Polyethyleneglycol terephthalate)가 해중합효소의 발굴-상용화에 성공함에 따라, PET의 성공사례를 레퍼런스 삼아 미생물을 활용, 에스테르계 생분해성 플라스틱의 탄소순환 기술 확보를 타겟팅하는 것이 적절하다.

미생물 기반의 생분해성 플라스틱 리사이클링은 미세플라스틱을 발생시키지 않을 뿐만 아니라, 해중합 산물 대사를 통한 고부가가치의 유용 소재로 업사이클링 또한 가능해져 통합생물공정(CBP) 개발 시 ESG에 근거한 환경/경제적 파급효과가 클 것으로 기대된다. 이와 관련하여, 유럽에서는 유럽 연합의 Horizon 2020 연구 및 혁신 프로그램 및 중국 국립 과학 재단의 자금을 지원받는 MIX-UP (MIXed plastics biodegradation and UPcycling using the microbial community) 프로젝트가 2020년에 시작되었다. 해당 프로젝트에서는 고도로 설계된 효소 혼합물과 미생물 군집을 사용하여 혼합 플라스틱 폐기물을 가치 있는 바이오플라스틱으로 전환하는 것을 목표로 하고 있다. 해당 프로젝트에서는 혼합 플라스틱 폐기물을 미생물에서 생산된 효소 또는 플라스틱 분해 효소를 분비하는 마이크로바이옴과 혼합하여 더 작은 모노 머 및 올리고머로 가수분해하고, 미생물의 생물 전환능을 활용하여 PHA(poly hydroxyalkanoate)와 같은 생분해 바이오플라스틱 및 새로운 바이오폴리머 합성을 위한 빌딩 블록으로 전환시키는 연구를 진행하고 있다.

플라스틱 폐기물의 생물학적 분해 및 업사이클링 연구는 유망하지만, 해결해야 하는 문제점들이 남아 있다. 예를 들면 효율성 및 분해 속도, 범위의 제고(다양한 종류의 플라스틱을 분해할 수 있는 미생물 또는 컨소시엄), 환경적응성(온도, pH, 습도 등), 환경안정성(일부 공정에서 유해 부산물이 배출될 수 있음), 완전 분해 및 생물 전환(불완전 분해 및 단순 분해; 바이오업사이클링 부재), 확장성(산업화; 수명주기와 지속가능성) 등의 문제들을 연구 과정에서부터 고려해야 할 것으로 판단된다.

폐혼합플라스틱 자원화와 열분해유 생산

장하리 고려대학교 세종창업지원센터 책임

 열분해 산업의 중요성과 현황

　열분해 산업은 현재와 미래의 지속가능한 발전을 위해 중요한 역할을 하고 있다. 열분해는 열을 이용하여 화학적 물질이나 화학 반응을 분해하는 과정을 말한다. 고온·고압 등의 조건에서 원료를 가열하여 분자 간의 결합을 끊고 새로운 물질로 변환시키는 과정을 포함한다. 열분해 공정은 다양한 자원을 재활용하고 재생하며, 이로써 자원의 낭비를 최소화한다. 이는 친환경적으로 경제적 이익을 동시에 달성하는 방안으로 주목받고 있다. 열분해 공정을 통해 바이오매스, 태양열, 지열 등의 신재생에너지원을 효율적으로 활용하여 에너지를 생산하며, 화석연료에 의존하는 전통적인 에너지 생산 방식에 대비하여 친환경적이며 지속가능한 에너지를 공급한다.

　또한, 공정과정에서 다양한 고부가가치 소재가 생산될 수 있다. 생산된 소재는 첨단 소재, 의약품 원료, 화학물질 등의 제조에 활용되며, 경제적 가치를 창출하고 산업의 발전을 촉진한다. 열분해 산업은 친환경적인 생산 공정을 통해 대기 오염, 수질 오염 등의 환경 문제를 완화하고 환경 보호에도 기여한다. 이는 지속가능한 발전을 위한 필수적인 요소로 인식되며 지속적인 연구와 기술 혁신을 통해 발전하고 있다. 이를 통해 기업들은 혁신적인 제품과 서비스를 개발하여 경쟁력을 강화하고 있다.

폐플라스틱에서 열분해유로, 재생유의 가치를 가지는 열분해유

일반적인 열분해 공정은 폐플라스틱 원료를 투입하고, 무산소 또는 저산소 상태에서 간접가열을 통하여 열분해를 진행하는데, 이 과정에서 폐플라스틱이 액화, 유화, 정제 단계를 거쳐 고분자화합물인 플라스틱이 저분자화합물인 열분해유로 생산된다. 현재 재활용에 대한 필요성이 지속적으로 증가하고 있고, 현 정부에서 발표한 국정과제 120개 중 89번의 내용에는 열분해를 통한 순환경제 및 탄소중립 실현 내용이 포함된다. 소각과 매립 등이 아닌 폐플라스틱 열분해 사업에 대한 사회적 필요성이 증가하고 있다.

열분해유는 대표적으로 원유의 정제 과정에 활용된다. 정유사에서 원유의 정제 과정에 열분해유를 첨가하여 정제를 하고 정유사는 열분해유 첨가율에 따라 친환경율을 산출하게 된다. 예를 들어 10% 열분해유를 첨가하여 원유 정제할 경우 여기서 나온 휘발유는 10% 친환경 휘발유로 보게 된다. 또한 친환경 플라스틱 원료 생산에 활용이 되고, 열분해 과정에서 발생하는 소각재(Char)는 콘크리트나 고형연료로 재활용이 된다. 재활용 불가한 혼합 폐플라스틱도 처리가 가능하여 소각과 매립 대비 온실가스 저감에 도움이 되고, 현재 영농차광막의 경우 처치 곤란하여 소각 매립지역에 돈을 주고 보내게 되는데, 충청북도 괴산군에서는 지자체 최초로 열분해를 통해 처리하는 프로젝트도 추진되고 있다. 열분해를 통해 열분해유, 소각재 등 재활용 가능하도록 자원순환이 가능해지고 온실가스가 저감 될 수 있다.

열분해유를 생산하는 기업은 석유화학 산업에서 활동하는 다양한 기업들이 있다. 이러한 기업들은 석유 및 식물성 원료를 사용하여 열분해유를 제조하고 다양한 시장에 공급한다. 국내외 열분해유 생산 기업을 살펴보자.

(국내기업)

SK이노베이션은 석유화학 제품 생산을 포함한 다양한 사업 분야에서 활동하고 있으며, 열분해유를 국내외 시장에 공급하고 있다. GS칼텍스는 다양한 석유화학 제품을 생산하고 있으며, 열분해유를 자사 브랜드를 통해 국내 시장에 공급하고 있다. 현대오일뱅크는 다양한 석유화학 제품을 생산하고 있으며, 열분해유를 국내 시장에 공급하고 있다. S-Oil은 석유화학 제품 생산을 포함한 다양한 사업 분야에서 활동하고 있으며, 열분해유를 국내외 시장에 공급하고 있다. 한화솔루션은 화학 기업으로서 열분해유를 생산하는 기업 중 하나이다. 석유화학 제품뿐만 아니라 전기차 배터리 소재 등 다양한 분야에서 활동하고 있으며, 열분해유를 국내 시장에 공급하고 있다.

(해외기업)

Shell은 세계적으로 잘 알려진 석유 및 가스 기업 중 하나로 열분해유를 생산하는 주요 기업 중 하나이다. 셸은 다양한 석유화학 공장을 운영하고 있으며, 열분해유를 다양한 시장에 공급하고 있다. ExxonMobil은 세계적으로 대형 석유 및 가스 기업으로, 열분해유를 포함한 다양한 석유화학 제품을 생산한다. 열분해유 생산을 포함한 다양한 공정을 통해 세계 시장에 제품을 공급하고 있다. Total은 프랑스의 에너지 기업 중 하나로 열분해유를 생산하는 주요 기업 중 하나이다. 석유화학 분야에서 활발한 활동을 펼치며, 세계 시장에서 열분해유를 공급하고 있다. BP는 세계적으로 유명한 에너지 기업으로, 열분해유를 포함한 다양한 석유화학 제품을 생산하고 있다. 열분해유를 다양한 산업 부문에 공급하고 있으며, 글로벌 시장에서 활발한 사업을 전개하고 있다. Sinopec은 중국 석유화학 산업 그룹(Sinopec)으로, 중국의 석유 및 화학 기업 중 하나이며 중국 내외의 시장에서 다양한 석유화학 제품을 공급하고 있다.

이 외에도 국내외 다양한 기업들이 열분해유 생산에 참여하고 있으며, 세계 각지에서 다양한 규모와 전문화된 기업들이 활동하고 있다.

 열분해유 스타트업 사례

대기업뿐만 아니라 자원순환과 탄소중립 실현에 노력하는 다양한 초기 스타트업도 나타나고 있다. 열분해유 생산 분야는 산업화된 기술과 기반 시설이 필요하기 때문에 스타트업이 진입하기 어려운 부분이 있지만 재생 에너지 및 친환경 제품에 대한 수요가 증가하고 있고, 혁신적인 기술과 접근 방식을 제안하는 스타트업은 기존 열분해유의 생산과 사용 방식에 보다 효율성을 향상시키는 기술을 제안하고 개발할 수 있을 것이다.

국내 스타트업 중 열분해 과정에서 차별화된 시스템 공정을 도입한 사례도 있다. 고분자화합물 크래킹 시스템을 도입하여, 고분자 화합물을 지속적으로 순환시켜 크래킹하는 시간을 보다 길게 가지는데, 쉽게 말해 장애물을 계속적으로 두어서 무거운 분자는 아래로, 가벼운 분자는 위로 올라가게 하여 왁스성분을 최소화하고 경질유를 최대화하는 원리이다. 해당 시스템 적용을 통해 타사대비 높은 열분해유 생산효율을 기록하여

KORA(한국순환자원유통지원센터)로부터 인증을 받았고 지속적인 테스트를 통해 효율을 극대화하고자 연구가 진행 중이다.

열분해유에서 발견되는 염소는 석유화학사에게는 좋지 않은 성분이다. 석화사에서는 보통 300ppm 이내의 제품을 원한다. 타사 대비 해당 기업의 경우 염소저감 테스트 노하우가 많고 염소관리 능력을 확보하고 있어서 보다 품질 높은 열분해유 생산이 가능하다. 공정개선을 통해 보다 품질이 좋은 열분해유 생산이 가능해지며, 대기업과의 납품 계약도 이루어지고 있다.

 ## 열분해유 산업의 한계점과 발전방향

열분해유는 친환경적인 측면에서 여러 가지 이점을 갖지만, 몇 가지 한계점도 가지고 있다. 열분해 연료화 시 고에너지 투입에 대한 에너지 대비 단가 및 효율 확인이 필요하다. 폐플라스틱 열분해를 통해 열분해유가 생산되지만 열분해를 위해 고열이 가해지며, 많은 에너지가 투입된다는 의견도 있다. 이러한 측면에서 플라스틱의 화학적 재활용 일환인 열분해의 경우 300~800℃의 온도에서 다이옥신 등의 화학물질 발생과 고열을 만들어 내기 위한 에너지 투입시 LCA 측면에서 진정한 순환경제 범위에 포함될 것인지에 대한 정리가 필요할 것으로 보인다. 또한 폐플라스틱의 물량 확보와 품질에 대한 적정성도 주요한 사안이며, 자발적 탄소시장에 폐플라스틱을 활용한 열분해유 탄소감축방법론 등록 등 폐플라스틱 종류에 따른 열분해유 품질 및 탄소배출량 계산 시 에너지 투입량도 모니터링이 필요하다.

열분해에 대한 부정적 시선에 대한 대응책으로 전과정평가 방법론 환경영향 범주로 생태계 독성 및 인체독성 등 계산이 가능하며, 폐플라스틱 활용을 위한 화학적 반응성 향상을 위한 플라즈마 연구도 진행되고 있어 열분해유 생산에 적용하면 새로운 시너지가 창출될 수 있을 것이다. 지속적인 열분해유 생산 발전을 위해 제1차 국가 탄소중립·녹색성장기본계획('23~'42), 제1차 기후기술 기본계획('22.12)의 온실가스 감축 기술개발과 적응 전 과정의 기술개발 로드맵 체계화 연계 검토도 중요할 것으로 보인다.

품질이 좋은 열분해유 생산을 위해 공정과 정제기술이 중요하며, 글로벌화를 위한 열분해 해외기술 스케일업 거점을 구축하고 협력하는 노력도 필요할 것으로 생각된다. 열분해유의 여러 한계점이 있어 열분해유 생산을 통한 탄소중립을 실현하기 위해 적극적인 기술개발과 한계점 보완을 통해 나아가야 할 것이다.

18

열분해 기술사업의 투자 스토리

조영재 인프라프론티어자산운용 이사

 ## 여의도, 그리고 환경 프로젝트 투자: 긴 여정의 시작

　여의도는 매일 같이 새로운 투자 기회가 쏟아지는 곳이다. 하지만 그 기회가 결코 스스로 찾아오지는 않는다. 내가 직접 발품을 팔아 발굴해 낸 프로젝트가 아니라면, 8할 이상의 프로젝트들은 내 책상위에 나타나기 전까지, 전국 어딘가의 수많은 펀드매니저들이, 심사역들이, 운용역들이 검토하고 분석하고 지적하고 발라내고 보완하고 다듬어졌을 것이다. 그럼에도 불구하고 그들에게 선택받지 못한 이 프로젝트는 내 책상위 이곳까지 다다랐으리라. 소형자산운용사의 펀드매니저가 응당 감내해야만 하는 카르마일까? 대형운용사들은 잘 보지 못하는(이라 쓰고 "하지 않는"이라 읽자) 어렵고 까다롭고 시간이 많이 소요되는 프로젝트가 유독 많이 보인다. 이러한 프로젝트들의 주요특징으로는, IR자료 첫 페이지 제목에 '환경', '그린', 'ESG', '탄소'와 같은 단어들이 포함되어 있다는 것이다.

　환경펀드를 운영하며 수많은 제안서를 검토해왔지만, 그 중에서도 최근 우리를 가장 고민하게 만들었던 것은 폐플라스틱 유화기술과 관련한 프로젝트였다. 매일 같이 투자 결정에 대해 생각하고, 머릿속에서 숫자를 굴리며 고민하는 직업이지만, 이 프로젝트는 단순히 숫자를 넘어선 다른 무엇인가를 꼭 발견해 내고, 그 내용이 투자심위보고서에 담겨야만

하는 그런 사업이었다.

"전 세계에서 매년 약 3억 톤의 플라스틱이 생산되고 있으며, 이 중 10% 미만만이 재활용된다. 그 나머지는 매립되거나, 불법 소각 또는 방치되는 경우가 많다. 이로 인해 심각한 환경 문제가 발생하고 있으며, 플라스틱 폐기물 문제는 전 세계적인 골칫거리로 자리잡고 있다."

수많은 환경기업들(폐기물 관련 사업들)의 IR자료 첫 페이지에서 쉽게 찾아볼 수 있는 내용의 줄글이다. 무엇인가 진부한 클리셰? 학문이나 정책 부문에서는 가장 상위의 명제임이 틀림없을 것이나, 투자 영역만큼은 아니다.

"이거 진짜 가능할까요?" – 회의실의 첫 반응

첫 번째로 이 프로젝트가 팀에게 소개되던 날, 회의실의 공기는 무거웠다. 나는 자료를 들고 설명했다. "이번에 제안된 프로젝트는 폐플라스틱 유화 사업입니다. 국내에서 다양한 기업들을 통해서 진행하고 있던 도시유전 사업인데요, 이 프로젝트는 국내에서 처음으로 연속식 열분해 공정을 적용한 사업입니다. 먼저 회분식이 아닌…" 그러나 설명이 끝나기도 전에 팀장이 먼저 물었다. "잠깐만요. 그게 진짜로 가능하다는 걸 입증할 수 있나요? 우리 입장에선 기술리스크가 너무 커 보이는데요. 5년내의 출구전략도 아직 부족해 보이고, 2~3년 유의미한 수익이 나지 않으면, 우리 자금만 계속 묶여 있는 상황이 발생할 수 있잖아요." 그는 엑셀 시트에서 리스크 분석표를 내보이며 말했다. 그의 말대로, 투자금 회수 시점이 늦어지거나, 계획대로 매출발생이 이뤄지지 않으면 불가피

한 추가출자 요청이 들어오는 등 큰 부담이 될 가능성이 있었다. 애초에 대체투자는 리스크가 큰 분야이고 환경사업은 그 중에도 상위분야이다. 우리는 신중해야 했다.

우리 입장에서 그 기술은 매력적이었다. 국내 EPR 회원사 기준 KORA 에 등록된 열분해시설은 총 20개로 그중 연속식 열분해 기술을 사용하는 기업은 이곳이 유일했다. 회분식 대비 폐합성수지 원료(결국 폐플라스틱 쓰레기이다)의 고압 묶음처리가 필요 없고, 동일규모의 회분식 설비대비 크기가 작으며, 재활용되는 오일과 합성가스 발생 수율이 높고, 자동운전이 가능하며, 악취가 적고 재활용품(오일과 가스)의 품질이 비교적 균질하다. 물론 약점도 존재했다. 고압묶음처리는 필요 없으나, 별도의 파쇄처리가 선행되어야 하고, 기술의 안정성 측면에서 국내외 레퍼런스가 회분식 대비 현저히 없다. 무엇보다 설비의 가격이 고가이다. 즉 비싸다.

금융조달에서 금액이 비싸다는 점은 가장 큰 약점이다. 그렇다면 이 가격이 금융이 들어가기 적정한지에 대한 분석이 필요해진다. "여러분, 한 번 생각해보세요." 다시 말을 꺼냈다. "이 기술이 상용화된다면 장기적으로는 수익뿐만 아니라 우리가 사회적으로도 큰 기여를 할 수 있습니다. 물론 리스크가 크지만, 이는 단순히 이익을 넘어선 투자일 수도 있잖아요." 회의는 한 시간 넘게 이어졌고, 결국 우리는 프로젝트에 대해 더 깊이 분석해보자는 결론에 도달했다. 하지만 여전히 팀원들의 표정은 미심쩍었다. 모두 수익성에만 초점을 맞추고 있었고, 나는 그들의 불안을 이해할 수밖에 없었다.

현장을 보러 가다 - "눈으로 보는 게 믿는 겁니다"

며칠 후, 우리는 그 공장을 직접 방문했다. 기술이 실제로 얼마나 혁신적인지 직접 확인하고 싶었다. 공장은 지방의 어느 산속에 위치해 있었다. 도착한 날은 비가 부슬부슬 내리고 있었고, 나는 비바람을 맞으며 공장 입구로 들어섰다. CEO는 열정적으로 우리를 맞이했다. 연배가 있으셨던 CEO는 그간 쌓인 내공을 증명이라도 하듯 말 한마디 한마디에 자신감 넘치는 인물이었다.

"이사님, 저희의 기술은 국내유일 연속식 열분해 설비입니다. 파일럿 규모가 아닌 상용화설비로는 저희만큼 제대로 돌아가는 곳이 없다고 자부합니다."

우리는 공장 내부를 둘러보며 그들이 개발한 플라스틱 분해 기계를 직접 보았다. 그 기계는 쉴 새 없이 잘게 바스러진 플라스틱 조각들을 집어삼켰다. 혹여 기술이 유출될까 플라스틱이 들어가는 입구를 제외하곤 두터운 쇠로 된 커버가 기계 전체를 감싸고 있었다. 실상 큰 틀에서는 열분해 기술 자체는 그리 특별한 기술은 아니다. 다만 원료가 무엇이냐에 따라, 운전조건(온도, 압력)이 다르고, 가스를 추출해내는 위치와, 반응으로의 산소유입을 차단하는 방식의 차이가 있을 뿐이다. 웅장한 기계의 플라스틱 처리 속도는 상당히 빠른 편이었다. 연속식 열분해 설비는 실제로 운전이 되고 있었다. 나는 이 기술이 상업적으로 가능성 있는지 묻고 싶었다.

"그런데, 이 기술이 대량 생산에 성공하면 얼마만큼의 비용 절감 효과가 있을까요?" CEO의 머뭇함이 스쳐갔다. "솔직히 말해, 현재의 운영비 관점에서만 보면 기존 회분식 설비대비 드라마틱한 비용절감 효과는 볼 수 없습니다. 다만 대량 생산 및 자동화설비가 적용된다면 다른 이야기입니다. 회분식과 다르게 한번 승온(가열)하고 나면 별도의 에너지비용이

들지 않기 때문입니다. 매 회차마다 세척과 승온과정을 진행해야 하는 회분식설비와는 다르게, 연속식 설비는 한번 운전이 시작되면 온도를 유지하는 데에만 에너지가 필요합니다. 열분해 과정에서 발생하는 합성가스를 열원으로 쓰기 때문에 에너지 발란스 측면에서 매우 효율적이라고 볼 수 있습니다. 하지만 원물이 균등한품질로 지속적으로 투입되지 않으면 매스발란스가 깨지기 때문에 기기를 멈출 수밖에 없습니다." 나는 고개를 끄덕이며 생각했다. 기술이 정말 훌륭한 건 사실이지만, 이 기술이 정말로 상업적으로 성공할 수 있을까? 시장 진입 장벽, 경쟁사들과의 싸움, 그리고 초기 투자비용 회수까지 고려하면 쉬운 일이 아니었다.

투자심의, 그리고 리스크 관리의 중요성

공장에서 돌아온 후, 우리는 다시 회의실에 모였다. 이번 회의에서는 현장 실사를 토대로 한 추가 자료를 공유하며, 이 프로젝트에 대한 더 깊은 논의를 진행했다. 몇몇은 여전히 회의적이었다. 그들은 회의실에 띄어진 자료를 바라보며 말했다. "기술은 분명 훌륭해요. 그런데 문제는 이 기술이 상용화될 때까지 우리가 감수해야 할 리스크가 너무 크다는 겁니다. 5년 안에 손익분기점을 넘지 못해 채권회수가 불가능해지거나 secondary 매각이 불가능해지면 펀드의 손실이 극심합니다." 맞는 말이다. 우리가 검토하는 규모는 수십억원대로 펀드 전체규모의 7~8%를 달하는 금액이었다. 손실이 난다면 정말 대형사고다.

나는 잠시 말을 멈췄다가 조심스럽게 대답했다. "하지만 장기적으로 보면 이 기술은 분명히 큰 수익은 내지 못하더라도 매각하기에는 좋은 여건들을 모두 가지고 있습니다. 지속가능성에 대한 관심이 높아지고 있어서, 이 분야에 대한 수요는 계속 증가할 겁니다." 준비해둔 자료들을 화면에 띄우고 설명하였다. "2022년 3월 환경부는 폐기물관리법 시행령 및 시행규칙 개정안을 통해 열분해유가 기존 보일러 대체 연료로 사용되는 것에서 원유를 대체하여 납사, 경유 등 석유화학 공정의 원료로 재활용할 수 있는 제도적 기반을 마련하고 있습니다."

법령	이행내용	기존 내용	개정 내용
폐기물관리법 시행령	열분해시설 분류개편	소각시설로 분류	재활용시설로 분류
폐기물관리법 시행규칙	열분해 재활용시설 기준 마련	없음	열분해 시설 설치·관리기준, 시설사용 신고의무 및 검사기준 마련
	열분해유 재활용 기준 정비	연료 제조만 가능	석유·석유화학제품, 수소 등 원료 제조 추가 및 세부기준 마련

"2024년 1월 30일 석유화학 업계에 따르면 내년 글로벌 플라스틱 재활용 소재 공급은 약 2,700만톤으로 수요량(9,600만톤)의 1/3 수준이며, 2030년에는 차이가 더 벌어질 것으로 예상됩니다. 코카콜라, 아디다스, 펩시코, 네슬레, 유니레버, 로레알, P&G, 에스티로더 등 글로벌 소비재 기업들이 내년부터 25~50% 수준의 재활용 플라스틱 사용 목표치를 정하였고, 유럽 주요국 및 미국 일부 주는 2025년부터 플라스틱 재생원료(25% 이상) 사용을 의무화했으며, 한국도 대형 생산업체(PET를 연 1만톤 이상 생산)에 한해 플라스틱 재생원료 3% 사용 의무화를 진행하고 있습니다.

물리적재활용(MR) 재활용품의 경우 오염이 없어야 하고, 반복 재활용 시 물성이 약화된다는 점 때문에 최근 열분해유가 부상하고 있지요. 시장에서의 열분해유가 급부상함에 따라, 국내·외 업체들의 참여가 이루어지고 있습니다. SK지오센트릭, LG화학, 롯데케미칼, GS칼텍스, S-Oil, HD현대오일뱅크, 대한블루에너지울산, 한국에코에너지 등 해당분야에 참여하는 기업들의 움직임도 눈여겨봐야 하는 부분입니다. 대기업의 시장진입은 약점이자 강점이며, 경쟁사이자, 향후 해당 기업을 매수할 가능성이 있는 잠재적 고객이기도 합니다."

 ## 정책의 변화와 새로운 기회

며칠 후, 우리는 시장 조사 결과를 바탕으로 다시 논의를 이어갔다. 이번에는 정부의 정책 변화가 중요한 변수로 떠올랐다. 최근 발표된 정부의 2024년 녹색성장 정책은 친환경 기술에 대한 세제 혜택을 대폭 강화했고, 특히 플라스틱 처리와 재활용 기술에 대한 지원이 포함되어 있었다. 이 정책 덕분에 공공열분해 산업은 더욱 활성화될 것이고, 스타트업의 기술이 그 혜택을 받게 될 가능성이 컸다. "이게 바로 우리가 기다리던 기회일지도 모릅니다." 나는 회의실에서 팀원들에게 말했다. "정부 지원이 예상된다면, 우리가 감수해야 할 리스크는 크게 줄어들 겁니다. 초기 비용을 충당할 수 있는 지원금과 혜택이 크기 때문에, 수익성을 높이는 데도 큰 도움이 될 겁니다."

"정부 조사자료에 따르면, 생활폐기물의 연 발생량은 약 1700만톤 수준이며, 그중 가연성 폐기물은 약 700만톤입니다. 이 중 500만톤을 소각 처리하며 그중 450만톤 정도를 지자체 소유의 공공 소각시설에서 처리하고 있습니다. 그런데 이 공공 소각로 시설의 노후화에 따른 개보수 증가 등이 원인이 되어 공공소각비율이 떨어지고 있습니다." "공공소각을 실시하는 시설은 총 183개로 조사되었으며, 이중 열분해 고온용을 제외한 일반 소각시설은 165개입니다. 환경부의 폐기물 처리시설 업무지침에 따르면 소각시설의 사용 연한은 50톤/일 초과시설은 20년, 50톤/일 이하일 경우는 15년입니다. 이에 따라 허가일 기준 24년도에 사용 연한이 지난 시설은 92개로 전체 시설의 50% 이상이 해당됩니다. 환경부가 폐플라스틱 열분해 처리비중을 25년 3.6%, 30년 10%로 설정한 만큼, 교체가 필요한 소각시설에 환경부가 열분해 시설을 도입 추진할 가능성이 매우 높다고 볼 수 있습니다."

실무자들은 여전히 신중한 태도를 유지하며 질문했다. "그렇다고 해도 이 프로젝트가 성공한다는 보장은 없잖아요. 시장에서 경쟁이 치열하고, 기술 개발이 계속된다면 다른 기술이 더 혁신적일 수도 있고요." 나는 고개를 끄덕이며 말했다. "맞아요. 리스크는 언제나 존재합니다. 하지만 이 기술이 만약 시장에서 자리를 잡는다면, 우리는 큰 수익을 올릴 수 있을 겁니다. 게다가 ESG 투자가 확대되고 있는 지금, 우리는 그런 트렌드를 선도하는 투자를 할 수 있어요."

 ## 최종 결정: 미래를 위한 투자

마침내, 우리는 이 플라스틱 폐기물 처리 스타트업에 투자하기로 결론을 내렸다. 수많은 리스크가 존재했지만, 우리는 장기적인 관점에서 ESG 투자가 가져올 기회를 놓치지 않기로 했다. 투자 계약서를 작성하면서 나는 그 결정에 대해 더욱 확신이 생겼다.

첫째, 재활용된 플라스틱 산출물인 열분해유는 대체원료로 사용 가능하여 석유화학 업체나 정유업체의 30% 이상 재생원료 사용 의무(2023년 시행)와 맞물려 주 수요자로 파악되었다. 타 플라스틱 재활용 산출물(MR, CR)에 비해 높은 단가를 형성하는 점 등을 미루어 볼 때 비교적 공급 우위 시장이며 다만, 주 수요자인 석유화학 업체나 정유업체가 해외 기술을 도입하거나, 타 열분해 처리 업체와 협업하여 열분해유 생산을 내재화하려는 점으로 미루어 향후 공급 열위 시장으로 바뀔 수도 있다고 생각한다. 따라서 구매자의 협상력은 보통 수준으로 평가할 수 있다.

둘째, EPR 처리 대상이 되는 폐플라스틱(복합재질 등 필름류)의 경우 EPR 의무율은 지속적으로 상승하고 있으나, 정부의 플라스틱 사용 제한 등으로 인하여 전체 물량이 감소하기 때문에, 처리 대상 물량은 일정량을 유지하고 있다. 이에 반해 처리량은 매해 증가하고 있어 처리업체의 공급자인 수집운반업체의 협상력이 높은 상태이다. 향후 플라스틱의 전체 물량이 지속적으로 감소될 경우, 수집운반업체의 협상력은 더욱 높아질 것으로 예상된다.

셋째, 폐플라스틱을 열분해 재활용을 하기 위해서는 폐기물종합재활용 인허가가 필요하다. 폐기물처리 및 재활용업 특성 상 인허가를 받는 것이 어렵고, 연속식 열분해 기술의 내재화를 통해 기술의 모방성도 낮은 편이다. 따라서 잠재적 진입자의 위협은 낮다고 판단된다.

넷째, 재활용 플라스틱 시장에서 대체재는 공급자 관점에서 MR, TR 처리업체로 볼 수 있으며, 수요자 관점에서 타 재생원료 생산자로 볼 수 있다. TR의 경우 단순 연료화하여 소각하기 때문에, 진정한 의미의 리사이클링이라 볼 수 없으며, MR을 거친 플라스틱은 재활용을 거치며 품질이 낮아지는 다운사이클링현상, 화학적 특성의 변화가 없기 때문에 혼합된 플라스틱이나 오염도가 높은 플라스틱에는 적용하기 어려운 점이 있다. 재생원료 생산자의 입장으로, 현재 폐플라스틱을 무상으로 공급받기 때문에 타 재생원료 생산자에 비해 생산단가가 낮을 수밖에 없다. 따라서 대체재의 위협은 낮다고 판단된다.

결론적으로, 기술의 실증은 이미 진행된 상태로 연속식 열분해 설비에서 타 업체보다 기술우위를 점할 수 있을 것이라고 판단되며, 정부의 자원순환경제의 과제로 플라스틱 열분해가 우선순위에 있고, 연속식 열분해 설비가 배치식보다 공간 및 인력이 적게 필요하여 경제성이 우위에 있기 때문에 플라스틱 열분해 시장에서 피투자기업이 선도적인 위치를 차지할 수 있을 것이라 판단된다.

투자심의를 통과하기 위한 가장 보수적인 가정의 현금흐름 모델을 만들어 냈다. 자금흐름의 가정은 모든 리서치 자료들의 통계를 기반으로 한다. 우리는 이렇게 50여페이지에 달하는 투자심의 보고서 작성을 완료하였다. 투자 계약이 체결된 날, CEO는 환하게 웃었다. "이사님, 저희와 함께 해 주셔서 정말 감사합니다. 저희가 세상을 바꿀 수 있을 거라고 믿습니다." 우리는 답했다. "우리 함께 해냅시다. 이 기술이 정말로 세상을 바꿀 수 있길 바랍니다."

4장

이 장은 대한민국이 기후변화 시대에 구축하는 자립적이고 혁신적인 에너지 미래를 생생하게 담았습니다. 청록수소, 해상풍력, 영농형 태양광 등 첨단 기술의 현장 경험과 구체적 사례를 통해 재생에너지와 농업기후 적응 기술이 어떻게 기후 위기에 대응하고 있는지 조명합니다. 특히 기술 개발 과정과 실증 현장의 이야기는 독자들에게 깊은 현장감을 전달합니다.

국가전략기술과
미래농업기술

19

일본의 수소경제 최신 정책 동향과 시사점

김철후 한국기계연구원 책임연구원

 일본 정부는 수소기본전략 개정('23.6.) 등을 통해 지속적으로 탄소제로 정책 고도화

　일본 정부는 2050년 탄소제로 선언('20., 탈(脫)탄소 정책 발표) 이후, 그린 성장전략('20.), 제6차 에너지기본계획('21.) 등 관련 정책, 계획, 전략을 단계적으로 정교화하고 있다.

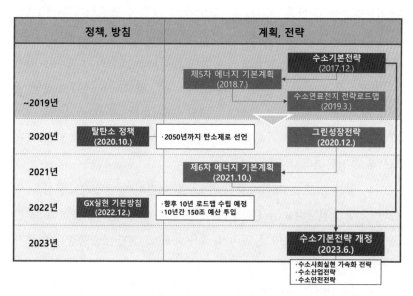

일본의 탄소제로 정책 관련 수소 중심 에너지 전략 추진 경과

위의 그림을 보면, 우선 탄소제로 달성을 위한 탈탄소 정책을 큰 추진체계로 편성하고 이를 뒷받침하는 전략과 계획을 수립하여 추진하고 있으며, 특히 2022년부터는 탄소제로 정책 강화를 위해 GX(Green Transformation) 실현 기본 방침을 수립하여 향후 10년간 150조 원 규모의 대규모 투자를 진행 중에 있다. 최근인 2023년 6월에는 에너지 기본계획을 중심으로 최근 수소기본 전략('23.6.)을 개정하였으며, 이어서 올해 수립된 수소기본전략 개정안을 통해 일본의 최근 수소·암모니아 중점 분야 및 정책 추진 방향을 파악할 수 있다.

일본 정부는 탄소제로 선언('20.) 후, 탈탄소 정책, 그린성장전략 중심으로 탄소제로 달성을 위한 정책 방향 제시

일본정부는 일본판 그린뉴딜 '탈(脫)탄소' 정책을 발표하며 2050년까지 달성을 공약('20.)하였으며, 2050년까지 에너지절약과 재생에너지 도입뿐만 아니라, 원자력 활용도 포함하여 온실가스 배출을 종합 제로화하는 것으로 목표 달성 방향을 수립하였다. 수소, 암모니아 에너지 분담 비율을 점차 높이는 형태로 탈탄소 사회를 제시하며, 특히, 수소연료전지 차량 보급확대, 수소환원제철 기술 추진 등 수소 밸류체인 확보를 적극적으로 추진하였다.

이후 일본 정보는 그린성장전략('20.)을 수립하여 탄소제로달성을 위한 중장기 발전계획을 추진하고 있으며, 이를 통해 전력부문의 수소 발전 확대, 수소·암모니아 산업의 육성을 목표로 CO_2 배출량을 줄이고자 하였다.

그린성장전략은 3대 산업, 14대, 중점분야로 나누어져 있으며 연료암

모니아 산업, 수소 산업이 에너지 관련 산업에 포함되어 있으며, 발전용 암모니아연료, 수전해장치(수소생산), 수소 운반선(수소저장·운송), 수소 환원제철(수소활용), 발전터빈(수소활용)을 추진할 계획이다.

일본은 세계최초로 수립한 '수소기본전략'('17.)을 '제6차 에너지기본계획'('21.) 등을 반영하여 2023년에 '수소기본전략 개정안'('23.) 수립

뒤이어, 일본 정부는 러-우 전쟁, 그린트랜스메이션(GX) 산업 확대 등 국제·산업동향과 일본 정부의 탄소제로 선언('20.), 제6차 에너지기본계획('21.) 및 약 1조 원의 녹색혁신기금(GI) 조성 등 변화된 정부정책을 고려하여 3가지 전략을 구체적 전략을 수립하였다. 수소 관련 일반정책을 비롯하여 수소산업 역량 강화를 위한 ① '수소사회실현 가속화전략'의 보강, ② '수소산업전략' 및 ③'수소안전전략'을 추가한 것이다.

'수소사회실현 가속화 전략': 수소/암모니아를 안정적으로, 저렴하게, 저탄소로 공급

첫 번째로, '수소사회실현 가속화 전략'은 수소·암모니아의 안정적 공급에 중점을 두고 있으며, 구체적으로 2040년 수소(암모니아 포함) 도입을 1,200만 톤/년으로 상향하며 수소 발전 비용도 가스화력발전 단가 이하로 낮추는 것, 수소 수요 확대를 위해서 발전·연료전지 등 신수요 창출, 비화석에너지로의 전환을 위한 제도 정비, 수소화합물 이용 활성화로 구

분되어 추진되고 있다,

'수소산업 경쟁력 강화 전략(수소산업전략)': 일본 수소산업 경쟁력강화를 위한 탈탄소, 에너지안정적 공급, 경제성장을 목표

두 번째 전략인 '수소산업전략'은 일본 자국의 기술적 강점을 살려 탈탄소, 에너지 안정적 공급, 경제성장이라는 '일석삼조'를 목표로 국내외 수소 비즈니스에서 자국의 수소 핵심기술(연료전지, 수전해, 발전, 수송, 부품소재 등)이 고르게 활용되는 것을 목표로 삼고 있다. 이를 위해 아래와 같이 5개 핵심분야를 선정·육성하여 일본의 수소산업 경쟁력을 제고하고자 한다.

◑ 수소산업경쟁력 강화를 위한 일본의 수소산업 5개 핵심전략 전략 분야 요약

핵심전략 분야	주요 내용
① 수소 공급	수소생산-그린수소 중심 수소 공급망 구축-압축수소, 액화수소 등 대량 운송 포함
② 탈탄소형 발전	90% 혼소·전소에 의한 고혼소 연소기 개발, 공급망 전체 비용 절감
③ 연료전지	각 분야의 수소 본격 보급을 위한 비용절감 및 수요 확대 등 선순환 구축
④ 수소 직접이용	탈탄소형 철강-수소환원제철 탈탄소형 화학제품-수소를 통한 나프타 분해로 CO_2 절감형 화학제품 생산 수소연료선박
⑤ 수소화합물 활용	암모니아의 제조/활용-암모니아 혼소 등 포함 탄소 재활용 제품-합성메탄, 합성연료 등 포함

'수소의 안전한 이용을 위한 전략(수소안전전략)': 수소보급활성화를 위해 민관이 합심하여 안전성 확보

　세 번째로, 일본정부는 수소 대규모 이용이 시작되기 전인 2050년을 목표로 공급망 전반을 아우르는 안전규제 체계 구축을 위한 향후 10년간의 민관합동 행동지침으로서 수소안전 종합전략인 '수소안전전략'을 수립하였다. 산업의 입장에서 신개념의 에너지원인 '수소'라는 에너지원의 시장 도입 연착륙/가속화를 위해 민관이 합심하여 안전성 확보를 뒷받침하는 과학적 데이터 등을 철저히 확보하여 적시에 경제적으로 합리적이고 적정한 수소 이용 환경을 구축 필요하기 때문이다. 이를 위해 세부적으로 '기술개발 등을 통한 과학적 데이터-근거에 기반한 대응', '수소사회 단계적 이행을 위한 법제도 합리/최적화' 및 '수소이용환경 개선'을 위한 세부적인 정책들을 개진하고 있다.

우리나라, 일본 양국 모두 수소를 자체 조달하기 힘든 점을 인식하고 있으며 수소 활용 측면에서 다양한 정책을 추진

　우리나라 정부, 일본 정부 양국 모두 수소를 자체 조달하기 힘든 점을 인식하고 있으며 수소 활용 측면에서 다양한 정책을 추진하고 있다는 점에서 공통점을 찾을 수 있다. 양국 모두 중동, 호주 등 수소 에너지 부국을 통한 '수소의 해외 조달'에 관심이 많으며 대량 수송을 위한 액화수소, MCH 등에 대한 기술개발을 추진 중에 있다. 다만, 우리나라 정부는 수소연료전지 차량 지원을 중심으로 점진적인 업스트림 전략에 집중하는 반면, 일본 정부는 수소 활용을 위한 전략을 다방면으로 추진한다는 차이점이 존재한다.

 우리나라 수소 산업의 경쟁력 강화를 위하여 수소 밸류체인별 육성 정책과 더불어 인프라 구축, 공급망 안정화 등 보급 확대 정책도 지속 점검·강화 필요

일본 정부의 정책을 반면교사 삼아 우리나라 수소정책 발전방향을 아래와 같이 제언할 수 있다. 우선, 수전해, 바이오매스 개질법 등의 다양한 그린수소 생산기술 개발 및 조기 실증 완료 등 그레이 수소에서 그린수소로의 본격 전환 시기 점검이 필요하다. 둘째로, 수소차 중심의 수소 활용정책과 함께 산업용, 발전용, 난방용 등의 다양한 분야에서의 수소 활용을 촉진하기 위한 정책적 지원을 고려해야 한다. 특히, 수소 밸류 체인 강화 외에 주요국과의 수소 협력방안, 수소차·수소가스터빈 외 다양한 분야로의 활용방안에 대한 정책적 점검이 필요. 마지막으로 수소 경제에서의 국제적 협력과 리더십을 강화하기 위한 정책적 지원이 필요하다. 일본정부를 비롯한 미국, 독일 등의 주요국 정부들은 자국의 수소 전략을 점진적으로 개정하고 있어 이들과 발맞추어 국제적 협력과 리더십을 강화하기 위한 우리나라의 수소 전략도 점진적인 개정이 필요하다고 할 수 있다.

수소 기술 개발과 전과정평가(LCA)의 필요성

황용우 인하대학교 교수

수소 경제는 오늘날 탄소중립을 달성하기 위한 핵심 전략으로 자리 잡고 있으며, 많은 국가들이 수소를 미래 에너지원으로 인식하고 기술 개발과 인프라 구축에 집중하고 있다. 한국 또한 수소 경제 활성화를 위해 다양한 정책과 계획을 발표하며 세계적 흐름에 동참하고 있으며, 관련 기술개발과 더불어 전과정평가(LCA) 체계 구축을 통해 그 친환경성을 입증하는 것이 필수 과제로 부상하고 있다.

 ## 수소 경제와 기술 개발

수소는 탄소 배출을 줄이고 지속가능한 에너지 체계를 구축하는 데 필수적인 자원으로 주목받고 있다. 이에 따라 한국 정부는 2019년 1월 '수소경제 활성화 로드맵'을 발표하며 수소차와 연료전지 산업에 대한 투자를 확대하여 수소 경제 선도 국가로 도약하는 것을 목표로 제시하였으며, 2020년에는 '수소선도 국가 비전'을 통해 2050년 탄소중립 달성을 위해 2030년까지 청정수소 100만 톤을 생산할 수 있는 체제를 구축하겠다는 계획을 수립하였다. 2021년 2월에는 수소경제의 육성과 안전 관리를 위한 법률(수소법)이 시행되었으며, '제1차 수소경제 이행 기본 계획'에서는 수소의 생산, 유통, 활용을 위한 4대 중점 전략이 발표되었다. 2023년에는 UN에서 무탄소(CF) 연합 결성을 제안하며, 한국은 수소를 탄소중립의 주요 에너지원으로 삼고 글로벌 협력을 통해 탄소중립 가속화를 추진하고 있다. 국토부 주관의 수소도시 사업도 진행되어, 2020년 울산, 전주·완주, 안산 등 3곳에서 시범사업이 시작되었으며, 2023년에는 평택, 남양주, 당진, 보령, 광양, 포항 등 6개 도시로 확대되었다. 2024년에는 양주, 부안, 광주 동구를 포함하여 현재 총 12개의 지자체에서 수소도시 사업이 추진되고 있다.

한국은 또한 수소 생산의 청정성을 확보하기 위해 수전해 기술(알칼리 수전해(AWE), 고분자 전해질 수전해(PEM), 고체산화물 수전해(SOEC) 등)을 적극적으로 개발하고 있으며, 이를 통해 그린수소의 비중을 늘리고자 하고 있다. 이와 함께 탄소포집 및 저장 기술(CCUS)을 활용하여 청색 수소의 생산에도 박차를 가하고 있다. 이러한 기술은 기존의 화석 연료 기반 수소 생산 과정에서 발생하는 이산화탄소를 포집하고 저장하여 탄소 배출을 최소화하는 데 중점을 둔다. 현대자동차는 세계 최초로 수소연료전지 전기차인 '넥쏘'를 비롯하여 수소 트럭과 버스를 개발하여 수소 모빌리티 시장에서 선도적 역할을 하고 있다. 수소차는 충전 시간이 짧고 긴 주행거리를 제공할 수 있는 장점이 있으며, 이를 통해 한국은 수소 모빌리티를 통한 교통 부문 탈탄소화에 크게 기여하고 있다.

유럽연합(EU)은 2020년 "EU 수소전략"을 통해 청정 수소 생산과 수소 사용 확대를 위한 구체적인 방안을 마련하고 있으며, 이를 통해 수소 경제 활성화를 추진하고 있으며, 전체 에너지 수요에서 수소의 비중을 현재의 2%에서 2050년에는 24%까지 확대할 계획이다. 미국 에너지부는 "수소 프로그램 계획"과 "저탄소 수소 전략"을 통해 수소의 생산, 저장, 이송 기술을 발전시키고 있으며, 이를 통해 최종 에너지 수요의 약 14%를 수소로 충당할 계획이다. 특히, 고압 기체 이송 기술과 액체 수소 저장 기술의 상용화를 추진하는 동시에 LCA 평가 모델인 GREET를 활용하여 온실가스 배출 저감 방안을 평가하고 있다. 또한, 'H2@Scale' 프로젝트를 통해 대규모 수소 저장을 위한 수소 터미널 기술, 고압 압축 가스 탱크의 탄소섬유용 용융 방사 PAN 전구체 기술, 저비용 고성능 압축 탄소 섬유 저장 탱크 등 저장 관련 기술을 개발하였다.

한편, 일본은 "수소기본전략"을 통해 저탄소 수소 생산과 관련 기술 개발을 지속하고 있다. 액상 암모니아를 활용한 대규모 수소 공급망을 구축하고, 이를 위한 액화 기술을 확보했으며, 액상 및 액화수소의 해상 이송 실증을 통해 첫 액화수소 운송에 성공하였다. 또한, 해상 이송을 위한 "CO_2 프리 수소 체인" 구축과 관련 기술 개발에도 적극 나서며 글로벌 수소 경제에서의 입지를 강화하고 있다.

 ## 국내 수소 시장의 성장 전망

국내 수소 시장은 지속적인 성장세를 이어가며, 2050년에는 약 70조 원의 매출을 달성하고, 누적 60만 개의 일자리를 창출할 것으로 전망된다. 수소 수요는 2015년의 240만 톤에서 2050년에는 1,690만 톤으로 증가할 것으로 보이며, 특히 수송 및 건물 분야에서 수소 활용이 크게 늘어날 것으로 기대된다.

2021년 맥킨지의 Hydrogen Insights 보고서에 따르면, 국내 수소 생산과 수요는 장기적으로 견조한 성장세를 보일 것으로 분석되었다. 2030년에는 수전해를 통한 수소 생산 시장 규모가 300억 원 이상에 이를 것으로 예상되며, 주요 대기업들은 자체 기술 개발과 해외 기업과의 협력을 통해 수전해 산업에 새롭게 진출하고 있다. 이러한 움직임을 통해 국내 수전해 수소 공급망을 확립하려는 노력이 활발히 진행 중이다. 또한, 2030년까지 수소 충전소 시장도 300억 원 이상으로 성장할 것으로 예상된다. 국내 기업들은 압축기와 충전기 등 주요 설비를 국산화함으로써 관련 시장에서의 매출 증가를 기대하고 있다. 특히 현재 국내에서 사용되는 대부분의 충전소 설비가 외산 제품인 상황을 고려할 때, 국산화는 시장 확대와 더불어 국내 경제에도 긍정적인 영향을 미칠 것으로 전망된다.

수소 운반 차량 시장은 2030년까지 10억 달러 이상의 규모로 성장할 것으로 예측된다. 특히 기체 수소 운반 차량의 경우, 몇 개의 국내 기업이 상용화를 준비하고 있으며, 액체 수소 탱크로리는 해외 기업들이 선도하고 있는 상황이다. 이러한 상용화 노력들을 통해 국내 수소 운반 인프라가 더욱 강화될 것으로 기대된다. 교통용 연료전지와 발전용 연료전지 시장 역시 각각 300억 달러와 100억 달러 이상의 규모로 성장할 것으로 보인다. 기술 확산과 상용화가 이루어지면서 90% 이상의 기술 수신율이 달성될 것으로 예상되며, 이는 수소 연료전지 기술의 빠른 확산을 보여주는 중요한 지표가 될 것이다.

2023년에 발표된 '수소산업 수소부품 전략'에 따르면, 이러한 성장 가능성을 뒷받침하기 위해 관련 부품과 장비의 기술 개발과 국산화가 활발히 이루어지고 있다. 이를 통해 국내 수소 산업의 경쟁력을 강화하고, 글로벌 시장에서도 주도적인 역할을 담당할 수 있는 기반을 마련하고 있다.

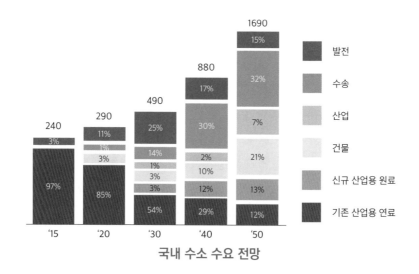

국내 수소 수요 전망

수소 기술이 탄소중립 달성에 기여하는 부분을 평가하기 위해서는 각 단계에서 발생하는 온실가스를 정확하게 분석하는 것이 필요하며, 이를 위한 도구가 바로 전과정평가(Life Cycle Assessment, LCA)이다. 부생수소, 청색 수소, 그린 수소 등 다양한 방식의 수소 생산에서 발생하는 배출량은 크게 차이가 나며, 전과정평가를 통해 이러한 차이를 정량적으로 비교하고 가장 효과적인 감축 방안을 도출할 수 있다. 예를 들어, 그린수소는 재생에너지를 활용하여 생산되는 반면, 청색 수소는 화석연료를 사용하되 이산화탄소를 포집하는 방식을 사용하므로, 각 방식의 온실가스 감축 효과는 크게 다르다. 따라서 전과정평가는 각 기술의 환경적 이점을 명확히 이해하고, 보다 친환경적인 기술을 우선적으로 채택하는 데 필수적이다. 현재 개정된 수소법 시행령에 의거하여 청정수소 인증제도입이 확정되었으며, 전과정평가를 기반으로 하는 평가체계를 에너지경제연구원 등 관련 기관들이 준비하고 있다.

전과정평가 수행의 핵심은 방법론과 이터베이스(LCIDB)이다. 전과정평가의 전반적인 부분에 대해서는 국가기술표준원이 ISO 14040 및 14044 표준을 번역하고 최신화하여, KS I ISO 14040, 14044 표준으로 제정하고 있으며, 이를 바탕으로 환경성적표지 제도 내에서 제품별 작성 지침(Product Category Rules, PCR)을 구축 및 운영하고 있다. 이러한 지침은 특정 제품군 또는 산업에 대해 공통의 기준을 활용하여 환경 영향을 평가하는 데 도움을 주고 있으나, 아직 선진국과 비교하여 다양하지 못하여, 지속적으로 수소 기술에 대한 전과정평가 작성 지침 개발이 필요한 상황이다.

LCIDB에 있어서는 산업부와 환경부가 중심이 되어 1998년부터 국가 LCIDB를 구축해 왔으며, 현재 약 800건의 데이터를 운영 중에 있다. 그러나 기존 데이터베이스는 개수 면에서 선진구과 비교할 때 턱없이 부족하며, 개발시기와 규격 면에서도 현재의 국제 네트워크에 맞지 않는 한계가 있어, 이를 해결하기 위해 최근 환경부에서 '전과정목록 전면 개편 및 국제플랫폼 등록' 사업을 추진하고 있다. 다만, 이러한 사업의 시행에도 불구하고 수소 기술에 대한 LCIDB는 여전히 부족할 것으로 예상되며, 최근에 착수한 국토부 R&D(국토교통분야 수소기술 전과정평가 방법론 개발 및 실증)에서 일부 해소 될 것 같아 반가운 일이 아닐 수 없다.

❶ 산업통상자원부 및 환경부의 국가 LCI DB 구축 현황 ('24.10 기준)

전과정단계	데이터범주	개수	전과정단계	데이터범주	개수
물질 및 부품제조	건축자재	61	가공공정	금속가공	1
	고무	8		부품가공	4
	금속	81		플라스틱 가공	1
	기초부품	20	수송	육상수송	45
	기초화학물질	175		항공수송	2
	수자원	47		해양수송	56
	에너지	97	폐기	매립	23
	펄프·종이	9		소각	29
	플라스틱	8		재활용	31
	기타	34		기타	15

해외에서도 수소분야에 대한 전과정평가의 중요성은 강조되고 있으며, 다양한 방법론과 데이터베이스가 개발되고 있으며, ISO/TC 207 기술위원회는 전과정평가 관련 방법론을 개발하고, 이를 지속적으로 업데이트하고 있다. 주요 국가들은 에너지 산업에 맞는 전문화된 전과정평가

표준을 연구하고 있으며, 특히 EU에서 개발한 FCH-JU는 수소의 생산, 저장, 유통, 활용에 이르는 전과정에서 발생하는 환경적 영향을 평가하는 방법론을 제공하고 있다.

미국에서는 아르곤 국립 연구소에서 개발한 GREET모델을 통해 수소 전과정평가를 수행하고 있다. GREET는 연료와 차량에서 발생하는 온실가스와 대기 오염 물질 배출을 평가할 수 있는 모델로, 특히 수소에 특화된 GREET Hydrogen 모듈을 통해 수소의 환경적 영향을 정밀하게 평가하는 데 활용되고 있다. 이를 통해 미국은 수소의 생산과 사용 과정에서 발생하는 환경 영향을 체계적으로 분석하고 있으며, 이 결과는 정책 수립과 산업 전략 개발에 중요한 참고자료로 활용되고 있다.

일본은 수소 전과정평가를 위한 자체 가이드라인을 개발하여 수소 공급체인 전반에 걸친 환경적 영향을 평가하고 있다. 일본 환경성이 채택한 이 가이드라인은 수소 공급 과정에서 발생하는 온실가스를 비롯한 환경 영향을 분석하고, 이를 최소화하기 위한 기준을 제시하고 있고, 가이드라인에 기반하여 계산 도구와 매뉴얼, 샘플 케이스를 제공하여 수소 전과정평가가 일관되게 수행될 수 있도록 지원하고 있다. 이를 통해 일본은 수소 경제 활성화와 동시에 환경 보호를 위한 실질적 방안을 모색하고 있다.

이와 함께, 다양한 전과정평가 플랫폼이 개발 및 운영되고 있으며, 대표적인 플랫폼으로는 GaBi, openLCA, SimaPro, Umberto, Mobius/Helix 등이 있다. GaBi와 SimaPro는 전 세계적으로 널리 사용되는 전과정평가 소프트웨어로, 다양한 산업 분야에서 활용되고 있다. openLCA는 오픈 소스 기반의 플랫폼으로 접근성이 높고 다양한 환경평가를 수행할 수 있어 기업과 연구 기관에서 많이 사용되고 있다. Umberto와 Mobius/Helix는 특화된 기능을 갖춘 전과정평가 플랫폼으로, 특히 정밀한 분석과 시뮬레이션이 요구되는 분야에서 효과적으로 활용된다.

[GREET, 미국]

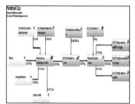
[GaBi, 독일]

[수소 LCA 가이드라인, 일본]

[openLCA, 독일]

[SimaPro, 네덜란드]

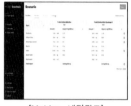
[Mobius, 네덜란드]

전과정평가 플랫폼

 ## 지속가능한 수소 경제로의 도약을 위한 과제

　청정 수소 생산 기술의 상용화는 수소 경제 활성화와 탄소중립 실현의 핵심 과제이다. 현재 주로 사용되는 천연가스 개질 방식은 많은 이산화탄소를 배출하므로, 이를 해결하기 위해 재생 에너지를 활용한 전기분해 기반의 그린 수소 생산 기술이 필요한 상황이다. 청정수소 생산을 위해 수전해 기술(알칼리 수전해(AWE), 고분자 전해질 수전해(PEM), 고체산화물 수전해(SOEC) 등)이 개발되고 있으며, 탄소 포집 및 저장(CCUS) 기술과의 연계를 통해 효율적인 청정수소 생산이 가능하도록 연구가 진행되고 있다. 동시에, 수소는 낮은 밀도와 극저온 저장 요구로 인해 저장과 이송이 어려운 에너지원이므로, 액체 수소와 액상 유기화합물(LOHC) 기반의 저장 기술이 연구되고 있다.

　이러한 수소 기술이 탄소중립 기술로서 성공적으로 정착하기 위해서는 충분하고 신뢰성 있는 데이터베이스를 기반으로 한 전과정평가가 필수적이다. 이는 수소의 생산과 사용에 따른 환경적 영향을 체계적으로 분석하고 관리하는 데 중요한 역할을 하며, EU와 미국 등 다양한 국가들이 수소 전과정평가 표준과 배출량 산정 방식을 연구해 이미 적용하고 있다. 한국 또한 전과정평가 기반 청정수소 인증제를 도입하여 수소생산에 대한 온실가스 감축 효과를 정량적으로 평가할 예정이지만, 그 이후 활용단계에 대해서는 현재 관련 LCA 평가체계가 미흡하여 필요한 개발이 진행되어야 할 것이다. 이를 통해 2050년 탄소중립과 기술혁신을 위하여 민관 모든 분야에서 과학적 기반으로 효율적이고 지속가능한 의사결정을 하는 것이 필요하다.

메탄가스 기반 청록수소 생산 실증 사례

박철호 한국에너지기술연구원 책임연구원

탄소중립의 필요성과 수소사회의 도래

　최근 지구온난화에 따른 기후변화 정도가 심각해지고 있다. WMO(세계기상기구)는 2023년 연평균 온도가 산업화 이전 수준과 비교해 약 1.45도 상승했다고 밝혔다. 현재 기후변화에 대응하기 위한 많은 기술들이 개발되고 있으며, 대응기술 개발 시장의 연평균 성장률은 29.5%를 기록하고 있으며, 2024년 39조 달러, 2030년에는 152조 달러까지 성장할 전망이다.

　전 세계적으로 93개국이 탄소중립을 목표로 설정하여 넷제로를 위한 친환경 정책에 힘을 싣고 있다. 그 중 39개국이 수소에너지 관련 정책을 마련하여 수소 생산과 저장, 운송, 활용 등 공급망 전반에 걸쳐 수소 산업 활성화에 노력을 기울이고 있다. 세계 수소 소비량은 2050년까지 6.6억 톤까지 소비될 것으로 예측되며, 이는 전체 에너지 수요의 약 22%를 차지할 것으로 보인다. 수소 소비량과 수요량이 높아지며 수소 연료전지, 발전용 연료전지 등 응용수단 확대에 따른 수소 산업은 지속적으로 성장하며 생산 및 최종소비까지 점유율이 향상될 것으로 기대된다.

생산방식에 따른 수소종류

    수소는 생산방식과 친환경 정도에 따라 그레이수소, 블루수소, 그린수소 등으로 구분된다. 전체 수소 생산량의 약 96%를 차지하고 있는 그레이수소는 천연가스와 화석연료로 생산되는 수소로, 생산과정에서 이산화탄소가 발생한다. 약 1kg의 그레이수소를 생산하기위해 이산화탄소 10kg을 배출한다. 블루수소는 그레이수소와 마찬가지로 화석연료를 개질하여 수소를 생산하지만, 생산과정에서 발생하는 탄소를 CCUS(탄소 포집·활용·저장 기술)를 적용하여 공기중으로 배출하는 탄소가 적어 가장 현실적인 대안으로 주목받고 있지만 발생하는 모든 탄소를 완전히 포집·저장하지 못하는 한계가 있다. 마지막으로 그린수소가 있다. 수전해를 통해 생산되는 그린수소는 태양광과 풍력 등 신재생에너지를 통해 발생한 전기에너지로 물을 전기분해하는 과정에서 생산된다. 생산과정에서 수소와 산소만 배출되므로, 이산화탄소 배출이 전혀 없어 가장 이상적인 친환경 수소로 여겨진다. 하지만 생산 단가가 저렴한 그레이수소에 비해 생산 단가가 높아 상용화까지는 시간이 필요할 것으로 생각된다. 현재 그린수소 상용화를 위한 많은 연구와 실증사업이 진행되고 있다.

 ## 국내 그린수소 연구와 실증

    생산과정에서 탄소배출이 없는 그린수소는 탄소중립을 위해 각광받는 에너지원이다. 현재 정부에서는 다방면의 기술 개발을 독려하고 있으며 초격차 기술 확보를 위해 규모가 큰 연구 과제들이 나오고 있는 추세이다. 그 중에서도 수소와 관련된 실증사업은 이전부터 계속되고 있다.

한국에너지연구원은 이미 수전해, 연례정책 등 관련 연구를 많이 해오고 있으며 2017년 제주에서 알칼라인(Alkaline) 방식으로 260Kw 신재생 에너지를 풍력에서 가져와 수전해했고, 2023년에는 제주도에서 12.5MH 짜리를 실증사업을 진행하기위해 인프라 구축이 시작되었다. 이전에는 알칼라인 수전해 방식을 통해서 그린수로를 생산했다면 PEM 방식이 적용되었고, 최근에는 SOEC 방식까지 도입되어 기술들이 계속 발전하고 있다. 이렇게 그린수소 연구가 계속되고 있지만 그린 수소 상용화를 위해서는 지속적인 연구가 필요하다.

그린수소까지의 대체수소, 청록수소의 부상

에너지 분야를 연구하며 기술적인 측면을 넘어서 실질적으로 탄소 중립에 기여를 할 수 있는 방안을 고민하며, 청록수소 연구과제를 제안하게 되었다. 청록수소는 천연가스를 열분해하여 생산하는 점이 그레이수소와 같지만 천연가스의 주성분인 메탄(CH_4)을 열분해 과정에서 발생하는 이산화탄소를 고형화시켜 고체탄소로 분해하고 수소를 배출하여 생산된다.

생산과정에서 부산물로 발생하는 고체탄소 인 카본블랙(Carbon Black)을 탄화체로 만들게 되면 중금속 흡착제, 공기청정기, 타이어, 2차 전지에 쓰이고 있는 카보나노틴 등 다양한 제품으로 활용될 수 있다. 이 부산물을 어떤 탄소체로 만드는지에 따라 청록수소의 가치가 시장경제 논리에 바로 적용될 수 있다. 수전해를 통해 그린수소를 생산하는 것은 에너지 투입이 많다는 점에서 경제가치로 바로 적용하기에 어려움이 있다. 청록수소는 발생 탄소를 최소화하며, 부산물 또한 활용가치가 있어 일석2조의 효과를 가지고 있다.

청록수소의 큰 가치는 생산 시 투입되는 에너지가 다른 수소에 비해서 가장 적다는 것이다. 국내 대기업에선 이미 청록수소를 활용하여 경제적 가치를 창출하기 위해 많은 시도를 하고 있다. SK는 해외에 청록수소 플랜트 관련 협약을 진행했으며, 현대차도 넥쏘 개발을 위해 청록수소 연구에 전력을 쏟고 있다. 그 외에도 많은 기업들이 실질적으로 청록수소에 대해 관심을 가지고 있다.

청록수소의 다양한 활용 가능성과 잠재력

앞서 설명한 내용과 같이 청록수소는 생산 시 에너지 투입량이 적으며, 발생하는 고체탄소로 고부가가치를 창출할 수 있다. 현재 신재생 에너지원으로 떠오르고 있는 바이오메탄은 청록수소의 주원료로 활용될 수 있다. 바이오메탄가스는 음식물 쓰레기, 커피 찌꺼기 등 유기물을 발효시켜 얻을 수 있어 이산화탄소 배출 없이 선순환이 가능한 에너지원으로 주목받고 있다. 국내에 바이오가스 생산 시설이 있지만 냄새나는 음식물 쓰레기나 축산 분뇨를 처리하기 위해 만들어졌고 가스화가 많이 되어있지 않다. 청록수소 생산을 위한 원료 확보를 위해 메탄가스를 최대한 많이 만들고 확보하는 것이 중요하다. 청록수소는 생산 시설을 도심으로 바로 가져올 수 있다. 천연가스처럼 가져와서 공장에서 탄화하는 기술 플랜트만 적용하면 바로 수소와 탄화체가 나오게 된다. 이러한 부분에 청록수소의 잠재력이 크다. 청록수소 기술은 그린수소로 전환되기까지의 그린수소의 불완전한 부분을 보완하며 중간 갭을 메워줄 수 있을 것이다. 앞으로 가장 잠재력 있고 가치있는 연구 중 하나인 청록수소 분야 연구를 통해 탄소중립에 기여할 수 있기를 바란다.

해상풍력발전의 환경적 영향을 최소화하기 위한 기술개발 노력

이예인 알더블유이리뉴어블즈코리아 변호사

해상풍력발전의 환경적 가치와 잠재력

풍력발전은 바람을 이용하여 전기를 생산하기 때문에 에너지원이 고 갈될 염려가 없으며, 화석연료를 이용하지 않기 때문에 발전 과정에서 온실가스를 배출하지 않는다. 이 때문에 태양광발전과 함께 대표적인 친 환경 에너지로 상용화되고 있으며, 특히 해상풍력발전은 대형화 및 대용 량 발전이 가능하다는 점, 넓은 부지를 활용할 수 있다는 점, 이미 조성 된 주거 지역에 영향을 미치지 않고 입지제약에서 상대적으로 자유롭다 는 점 등에서 그 잠재력이 더욱 주목받고 있다.

정책적인 측면에서도 해상풍력에 대한 기대와 지원을 확인할 수 있는 데, 2024. 5. 31. 산업통상자원부가 발표한 '제11차 전력수급기본계획' 실무안에 따르면 국내 풍력 보급 용량은 2022년 1.9GW에서 2030년 18.3GW, 2038년 40.7GW로 증가할 것으로 전망되어 급격한 보급 증 대가 예상된다.

국회에서도 해상풍력발전을 지원하고 촉진하기 위한 입법적 움직임 을 확인할 수 있다. 제21대 국회에서는 국민의힘 한무경 의원이 '해상풍 력 계획입지 및 산업육성에 관한 특별법안'을, 더불어민주당 김한정 의 원이 '해상풍력 보급 활성화에 관한 특별법안'을 각 발의하였다가 임기 만료폐기된 바 있는데, 세부적인 내용에서는 차이가 있지만 두 법안 모두 정부가 주도적으로 입지를 발굴하고 주민 및 어민 수용성을 확보하는 등 해상풍력발전 보급을 촉진하기 위한 내용을 담고 있다. 제22대 국회에서는 국민의힘 김소희 의원의 '해상풍력 계획입지 및 산업육성에 관한 특별법안'을 시작으로 총 7개의 관련 법안이 발의되었는데, 마찬가지로 정부가 주도적으로 입지를 선정하고 인허가 과정을 지원하여 해상풍력 산업을 육성하는 것을 목표로 하고 있다.

이처럼 친환경 신재생에너지로 주목받고 있는 해상풍력이지만, 발전 과정에서 온실가스 배출 등 환경적 영향이 전혀 없다고는 할 수 없다. 온실가스 감축, 순환경제 달성, 생태계 보호 등의 측면에서 해상풍력 분야가 환경적 영향을 줄이기 위하여 기울이고 있는 기술개발의 노력을 소개하고자 한다.

 ## 설비 공급망 단계 등 전(全)과정에서 탄소배출을 감축하기 위한 노력

풍력발전은 화석연료를 사용하지 않으면서 전기를 생산한다는 측면에서 온실가스 배출로부터 자유로운 에너지발전원으로 인정받고 있고, 전생애주기의 탄소배출량을 살펴볼 때 석탄화력발전보다 99% 감축된 양의 온실가스를 배출하고 있다. 그러나 이를 바꾸어 말하면, 풍력을 이용하여 전기를 생산하고 공급하는 전(全)과정에서 석탄화력발전의 1%에 해당하는 탄소가 여전히 배출되고 있다는 의미가 된다. 위 1%의 탄소배출을 감축하기 위하여 다양한 기술적 노력이 이루어지고 있다.

일례로, 해상풍력 주요 기업들은 해상풍력발전 설비를 제조, 운반, 건설하는 과정에서 발생하는 탄소배출량을 정확히 파악하기 위하여 영국의 글로벌 기후변화 대응 컨설팅 기관인 카본 트러스트(Carbon Trust)와 함께 '해상풍력 지속가능성 공동 산업 프로그램(Offshore Wind Sustainability Joint Industry Programme)'을 개발하고 있다. 해상풍력의 공급망, 건설, 운영 단계에서 발생하는 탄소배출량을 표준화하여 산출하는 방법론을 개발함으로써, 해상풍력 기업들은 발전 과정에서의 주요 탄소배출원을 확인하고 탄소배출을 줄이기 위한 기초 자료를 확보할 수 있게 된다.

또한, 해상풍력발전기 하부구조물의 원자재인 후판을 생산하는 과정에서 철강업계 저탄소원료로 관심 받는 직접환원철(DRI) 및 철스크랩(고철)을 원료로 전기로에서 만든 쇳물과 고로에서 만든 쇳물을 혼합하는 방식을 활용하거나, 생산 과정에서 철스크랩 사용을 늘리고 공정의 에너지효율성을 높이며 신재생에너지를 더 많이 활용한 '지속가능한 철강'을 이용하여 타워를 제조하는 등 부품 제조의 공급망 단계에서 탄소배출을 감축하기 위한 기술개발 노력도 국내외에서 이루어지고 있다.

 ## 폐기물을 줄이고 순환경제를 달성하기 위한 노력

일반적인 해상풍력발전기의 수명 연한은 약 20년으로, 그 이후에는 폐기물 처리가 문제된다. 물론 설계 및 운영 단계에서 신소재를 활용하거나, 부품의 피로하중을 줄이거나, 효율적인 유지·보수 기준을 개발하는 등 수명 연한을 연장하여 폐기물의 발생 자체를 줄이거나 늦추기 위한 시도도 적극적으로 이루어지고 있지만, 다른 한편으로는 이미 발생한 폐기물을 어떻게 처리할 것인지에 대한 고민도 필요하다. 이와 관련하여, 물건이 생산-소비-폐기되는 선형경제가 아닌, 계속하여 재활용·재사용될 수 있도록 하는 순환경제의 기술개발 노력이 해상풍력 분야에서도 이루어지고 있다.

풍력발전의 역사가 길지 않은 우리나라에서는 아직 풍력발전 폐기물에 대한 논의가 활발하지 않지만, 우리나라 최초의 상업용 해상풍력발전단지인 제주 탐라해상풍력발전단지가 2017년 상업운전을 개시하였으므로 곧 우리나라도 풍력발전 폐기물의 문제를 직면하게 될 것이며, 우리보다 먼저 풍력발전을 도입한 유럽이나 미국에서는 이미 풍력발전 폐기물, 특히 폐블레이드의 처리를 당면과제로 마주하고 있다. 해상풍력발전기의 핵심 부품인 블레이드의 경우 에폭시, 유리섬유, 탄소섬유 등의 복합소재를 이용하는데, 이들 복합소재가 '비가역적으로 교차 결합'되기 때문에 소재의 측면에서 재활용이 어렵다는 것이다.

대부분의 폐블레이드가 매립되고 있는 현실에서, 이를 단순 매립하기보다는 기계적·물리적으로 섬유화·분말화하여 건축 충전재나 보강재로 사용하거나, 공공디자인의 측면에서 육교나 벤치나 주차장 지붕 등으로 용도를 변경하여 활용하거나, 시멘트로의 연료로 사용하여 에너지를 회수하는 등 다양한 방법으로 재활용하기 위한 노력이 있다. 최근에는 화학적으로 순수하게 분해될 수 있는 에폭시 수지 기타 신소재를 이용함으로써 블레이드를 100% 재활용할 수 있게 하거나, 전기적으로 복합재료에서 섬유를 분리하여 섬유를 뽑아내거나, 열분해 기술로 유리섬유를 분리하여 재활용하는 등 보다 적극적인 재활용·재사용 기술도 개발되고 있다.

해상풍력업계에서는 이러한 기술발전에 주목하여, 지금 당장 효과적으로 폐블레이드를 처리할 수 없더라도 장래의 기술을 통해 현재의 폐블레이드를 보다 잘 처리하기 위하여, 이미 발생한 폐블레이드를 매립하지 않고 임시 보관하는 등의 준비를 하고 있기도 하다.

해상풍력발전이 생태계에 미치는 영향을 최소화하기 위한 노력

해상풍력발전기는 수면 위에 떠 있는 부유식 해상풍력발전기와 해저 지반에 구조물을 통하여 단단하게 설치되는 고정식 해상풍력발전기로 나누어진다. 고정식 해상풍력을 설치하기 위하여는 거대한 기둥을 해저 바닥에 '망치로 두들겨' 바닥에 박아 넣는 경우가 있는데, 건설 과정에서 해저소음이 발생하여 해양 생태계에 피해를 주게 된다. 특히 육지에서 대부분의 동물들이 주로 '시각'을 이용하여 주변을 탐색하는 것과는 달리 바다에서는 '청각'이 제1감각이기 때문에 해저소음은 해양 생태계에 치명적일 수 있다.

이러한 문제를 해결하기 위하여 개발된 기술로 '버블 커튼' 기술이 있다. 하부구조물 건설 현장을 빙 둘러 해저에 큰 호스를 설치하고, 호스에 뚫린 수많은 구멍을 통해 공기방울을 뿜어내어 문자 그대로 소음발생원 주변에 '커튼'을 치는 것이다. 소리는 물에서 더 빠르게 퍼지기 때문에 공기방울을 통해 전파 속도를 낮출 수 있고, 소리가 수많은 공기방울에 부딪혀 튕겨져 나가면서 에너지가 손실되기 때문에 커튼 밖의 바다에서는 소음이 유의미하게 줄어든다. 이 기술은 돌고래를 보호하기 위하여 독일에서 처음 개발되었는데, 커튼 바깥의 소음을 측정하여 소음완화가 충분하지 않을 경우에는 이중으로 커튼을 치기도 한다.

해상풍력발전이 생태계에 영향을 미치는 또 다른 대표적인 문제는 바로 조류충돌의 문제이다. 비록 해상풍력 블레이드와의 충돌로 인한 피해가 도심의 구조물과의 충돌로 인한 피해와 비교하면 미미한 수준이라고 하지만, 매년 수십만에서 수백만의 새와 박쥐 개체가 블레이드와 충돌하고 있다는 점을 부인할 수는 없다.

입지 선정 단계에서 충돌문제를 선제적으로 예방하기 위하여 후보지가 조류 서식지와 겹치지 않는지, 철새들의 계절 이동 경로를 포함하지 않는지, 대체 서식지가 구축될 수 있는지 여부 등을 검토할 수 있고, 그 결과에 따라 풍력발전기의 크기와 높이를 조정하거나 아예 입지를 변경할 수도 있으나, 새로운 기술적 시도도 계속하여 이루어지고 있다.

예를 들어, 조류가 어떻게 시야를 확보하고 물체를 인식하는지에 대한 연구를 바탕으로 블레이드의 색깔을 바꾸어 조류충돌을 방지하고자 하는 연구가 있다. 새들의 전방 시야는 공간해상도가 낮아서 특정 디테일보다 '광학적 흐름 패턴'의 변화에 민감하게 반응한다는 점에 주목하여, 검정색과 하얀색의 대조를 통해 새들이 블레이드의 회전을 인식하도록 유도하는 것이다. 해상풍력의 세 개의 블레이드 중 하나를 검정색으로 칠함으로써 조류충돌을 70%까지 감축할 수 있다는 연구 결과가 있었고, 각 블레이드를 줄무늬로 색칠하여 새들이 미리 블레이드의 움직임을 인지할 수 있도록 유도하는 방향도 검토되고 있다.

또한, AI 카메라 기술을 이용하여 조류충돌 피해를 예방하는 방법도 개발되고 있다. 카메라를 이용하여 최대 1.3km 떨어진 곳에서 비행하는 물체를 인식하고, AI 기술을 활용하여 비행물체가 새인지 여부 및 어떤 종인지 여부를 파악한 다음, 그 비행 속도와 경로를 계산하여 블레이드의 회전 속도를 줄이는 것이다. 블레이드의 회전 속도를 줄이면 블레이드와 조류의 충돌이 줄어들게 되는데, 테스트 결과 위 시스템을 설치한 풍력발전기의 경우 충돌로 인한 독수리 사망 사례가 약 82% 감축한 것으로 나타났으며, 레이더나 소음발생기 등 추가적인 기술을 부수적으로 활용하면 더욱 효과를 높일 수 있다.

　해상풍력발전은 기후위기에 대응하는 친환경 에너지원으로 주목받고 있지만, 부품 제조 단계에서의 탄소배출량을 감축하고, 폐기물을 줄이며, 생태계에 미치는 영향을 최소화하는 노력을 기울여, '보다 더 친환경적인' 에너지원으로 발전할 여지가 남아있다. 이를 위하여 해상풍력 분야에서는 설계, 제조, 건설, 운영, 평가 단계에서 다각도로 기술개발의 시도가 이루어지고 있으며, 위와 같은 해상풍력 분야의 노력이 입법·정책적인 지원과 결합하여 해상풍력에서의 탄소중립 기술에 대한 수요가 더욱 커질 것으로 기대된다.

23

글로벌 영농형 태양광 현황-농업기후적응효과

윤성 엔벨롭스 대표이사

영농형 태양광

영농형 태양광은 농업과 태양광 발전을 결합한 형태로, 태양광이 농지 위에 설치되어 작물 생산과 태양광 발전이 동시에 이루어지는 시스템을 말한다. 농지를 유지하면서 재생에너지 생산이 동시에 가능하여 농업과 에너지 생산을 효율적으로 활용할 수 있는 방식으로 최근 지속가능한 농촌개발과 농업의 기후위기에 대응하는 핵심 미래농업기술로서 영농형 태양광이 주목받고 있다.

영농형 태양광 사업화 배경

환경공학과 에너지 기술경영을 전공하였으며 첫 직장으로 국가녹색기술연구소의 전신인 녹색기술센터에서 근무하였다. 당시 국제협력 분야에서 유엔개발계획(UNDP)과 녹색기후기금(GCF) 등 국제기구와 협력하며 기후변화에 취약한 개도국에 기후기술 적용의 중요성을 인지하게 되었고 이후 남태평양의 피지에서 바이오매스 발전사업을 개발하며 개도국 신재생에너지 사업을 직접 경험하며 현장의 목소리를 듣게 되었다.

특히, 피지 사업을 진행하며 아직도 개도국의 낙후된 지역에는 약 8억 명의 인구가 전기 없이 생활하고 있다는 것을 알게 되었고 나에게는 당연했던 전기가 왜 이렇게나 많은 사람에게 없는 것인가에 의문을 갖기 시작했다. 문제의 원인을 살펴보면 일반적인 금융사, 투자사 그리고 큰 규모의 기업은 주로 사업 리스크가 낮은 국가에서 수익성과 규모의 경제를 갖춘 사업을 펼치기 때문에 이러한 낙후지역은 금융사각지대로 남게 되는 것이었다. 근근히 ODA(공적개발원조) 사업을 통해 자금을 충당하지만 이런 유형의 사업은 지속적인 수익모델의 부재로 자금지원의 종료와 함께 방치되는 경우가 많다.

한 예로, 위의 사진은 인구 만 명 정도의 남태평양의 작은 섬국가 투발루를 지인이 방문했을 때 촬영한 태양광 담수화 시설이며 원조사업으로 설치된 시설은 사진과 같이 얼마 지나지 않아 고장 나고 방치되게 되었다. 이러한 사각지역에 지속가능한 비즈니스 모델을 만들어 신재생에너지를 도입하고 기후위기에 봉착한 주민들의 삶을 개선하기 위해 'Bring Light, Bring Life'의 비전을 가지고 엔벨롭스를 창업하게 되었다.

창업 후 개발한 첫 사업은 피지에 위치한 주민 약 1만 명이 거주하는 오발라우섬의 4MW 영농형 태양광 사업이다. 디젤발전에 100% 의존하는 섬으로 에너지문제와 농업문제를 동시에 가지고 있고 영농형 태양광을 통해 이 두 가지 문제를 동시에 해결하는 사업이다. 태양광 부분은 피지 전력청과 25년간의 전력 구매 계약을 체결하여 지속적인 수익모델을 확보하여 사업이 장기적으로 유지되도록 구조화하였으며 고비용인 에너지저장장치 조달과 농업의 초기수익모델 확보를 위해 코이카의 ODA 자금을 매칭하여 지속가능한 사업구조가 완성되었다.

 ## 영농형 태양광의 필요성

국내의 경우 2018년 대비 2030년까지 농축수산 부문의 탄소배출량을 27% 줄이는 것을 목표(2023년 제1차 국가 기본계획)로 하고 있다. 목표 달성을 위해 태양광을 활용한 농촌 재생에너지 도입을 추진하고 있으나 규제 등 많은 장애요인으로 인해 농촌 태양광은 2021년을 기점으로 보급이 줄고 있는 상황이다. 영농형 태양광이 아닌 일반태양광을 농지에 설치하면 농지훼손으로 인해 농업의 식량 안보 문제가 악화되어 또다른 기후문제를 야기하는 악순환이 발생할 수 있다. 따라서 국내를 포함해 전세계적으로 농지를 전용해서 태양광을 설치하는 것에 대해 많은 규제가 존재한다.

또 다른 문제는 농업 소득 감소이다. 2018년을 기준으로 2022년까지 농업 소득이 10% 이상 감소했고, 농업 인구도 크게 줄고 있으며 활발히 농업에 종사할 수 있는 55세 미만 인구는 무려 50% 이상 줄어들었다. 이러한 문제의 해결책으로 영농형 태양광이 제시될 수 있다. 영농형 태양광은 농지를 유지하며 태양광을 설치할 수 있으며 발전수익을 통해 농민 소득향상이 가능하다. 한국환경연구원(KEI) 보고서에 따르면, 100KW 영농형 태양광을 설치했을 때 연평균 농가 소득이 600만원에서 900만 원으로 증가할 수 있는 것으로 나타났다.

국내의 농지 중 1.5%만 영농형 태양광을 설치해도 원전 10개 용량에 달하는 약 10GW를 설치할 수 있지만 현재까지 실증 사업 위주로만 진행되어 2022년 기준 약 3.5MW 정도의 영농형 태양광이 설치되는데 그쳤다. 현재의 농지법에 따르면 일시사용허가를 통해 농지에 영농형 태양광을 설치할 경우 일시사용허가에 따라 최대 8년까지만 시설유지가 가능하여 상업적 확산이 어려운 실정이다. 현재 논의되고 있는 일시사용허가를 20~25년으로 연장하는 법안이 통과된다면 영농형 태양광 보급이 보다 활발해질 것으로 보인다.

 ## 영농형 태양광 도입의 선진사례

선진국 사례를 살펴보면 프랑스의 경우, 영농형 태양광을 단순히 부지를 공유하는 시설이 아니라 농업 활동에 도움을 줄 수 있는 시설로 도입하고 있다. 프랑스 관련법에 따르면, 영농형 태양광은 농업의 잠재력 및 영향력 향상, 기후변화 적응, 그리고 예측 불가능한 기후 피해로부터 보호할 수 있는 시설로 법률적으로 정의되고 있어 오히려 농업에 도움을 주는 시설로서 영농형 태양광이 급격히 확산되고 있다.

글로벌 시장에서 영농형 태양광은 2030년까지 연 10조 원 이상의 시장으로 확산될 것으로 기대되고 있다. 최근 프랑스에서 입찰한 146MW 중 약 80MW가 영농형 태양광으로 선정되었고 이탈리아의 경우도 1.5조 원의 인센티브를 도입하여 영농형 태양광을 1GW 이상 도입하겠다고 발표하였으며, 이스라엘도 농지 부족 국가로서 100MW 영농형 태양광 프로그램을 추진하고 있다.

 ## 작물생산성 감수율 최소화와 기후적응 효과창출은 영농형 태양광의 핵심기술

국내의 경우 일본식 농업공존형 태양광이 주로 도입되면서 작물생산성이 줄어도 태양광 발전수익을 통해 농가 소득을 보존하겠다는 개념으로 시작한 반면, 유럽의 경우 작물의 기후적응 측면에서의 도입이 활발히 진행되고 있다. 최근 국내 사과 가격이 크게 오르는 주요 원인 중 하나는 기후변화로, 50년 뒤에는 재배적지가 없어질 수도 있다. 사과 재배적지는 점점 북상하고 있으며, 향후 통일이 되지 않는 이상 대한민국에서 더 이상 사과를 재배할 수 없는 날이 올 수도 있다.

아프리카의 주요 식량 작물인 옥수수도 기온 증가로 생산량이 크게 줄고 있는 실정이다. 스페셜티 커피 주요 생산국인 에티오피아의 예가체프 지방의 커피 산지도 기후피해로 인해 생산량이 크게 영향을 받을 것으로 예측된다. 또한, 전 세계에서 주식으로 먹는 감자 수확량도 앞으로 2060년까지 32% 가량 감소할 것으로 예측되고 있다.

영농형 태양광에 대한 국내의 선입견 중 하나는 음영이 발생하면 생산량이 준다는 인식이다. 하지만 영농형 태양광이 기후 적응을 할 수 있는 기전을 살펴보면, 작물이 필요한 일사량이 어느 시점 이상 초과되면 더 이상 필요하지 않게 된다. 오히려 초과하게 되면 작물이 피해를 입을 수 있어 영농형 태양광으로 적절히 하부환경을 조절해준다면 작물의 피해를 줄여 기후적응 효과를 창출할 수 있다. 미국의 경우 아리조나가 대표적인 건조 지역으로 꼽히는데, 여기에 영농형 태양광을 도입하여 토양의 수분 증발을 막음으로써 칠레 고추 생산성이 크게 향상되었다. 네덜란드에서는 패널하부의 온도가 저감되어 고온 피해를 줄여 베리류 작물 생산성이 좋아졌다는 보고가 있다.

국내의 경우 보성의 녹차 밭과 영남대학교에서 추진했던 포도 재배를 대상으로 긍정적인 효과가 나타났다. 고급 와인을 생산하는 프랑스는 와이너리 기후피해가 크게 증가하여 와인의 주요 지표인 안토시아닌 품질이 많이 저하가 되었지만, 영농형 태양광 설치를 통해 안토시아닌 품질이 다시 복원된 사례도 보고되었다.

 ## 엔벨롭스 영농형 태양광 실증사례

피지 오발라우섬에 영농형 태양광을 구축하여 코이카 ODA 사업을 통해 토란, 오이, 바닐라, 토마토 등을 실증 재배하고 있다. 특히 토란, 오이, 상추 등은 노지 대비 하부에서 생장량이 좋은 것으로 나타나고 있다. 베트남 실증 사업의 경우 국내외 기관과 공동으로 베트남 농업도시인 달랏 지역에 영농형 태양광 실증단지를 구축하여 베트남 달랏 지역의 특용작물인 아티초크를 재배하고 있으며 노지 대비해서 생산량 차이가 크지 않는 것으로 나타났다. 이 사업에서는 하부 일사량과 하부 온도 그리고 노지 온도 및 일사량 등을 측정함으로써 보다 고도화된 영농형 태양광 모델링에 활용하고자 데이터를 수집을 하고 있다. 인도네시아와 자메이카의 경우 태양광 패널각도가 실시간으로 조절되는 가변형 영농한태양광 사업을 구축하고 있다. 이 사업은 날씨와 작물 상태에 따라 패널각도를 조절하여 최적의 하부미세환경을 제공하는 자체 AI 알고리즘을 적용하여 영농형 태양광의 작물 기후적응 효과를 극대화할 예정이다.

24

국내외 영농형 태양광 실증사례와 시사점

박상욱 JTBC 기자

 작물의 광합성에도 한계가 있을까?

우리는 의무교육 과정에서 광합성을 배웠다. 광합성은 식물이 빛에너지를 이용하여 양분을 스스로 만드는 과정으로, 이 과정에서 물과 이산화탄소를 이용하여 포도당과 산소를 생성한다. 이산화탄소(CO_2)를 흡수하고 산소(O_2)를 내보내 단순히 좋은 영향을 준다고 배웠다. 그 과정에서 탄소(C)는 어디로 가는지 되묻지는 않았을 것이고 햇빛이 많으면 많을수록 강하면 강할수록 작물에게 좋다는 인식도 가지고 있을 수 있다. 하지만 사실 광합성 과정에서 햇빛이 강할수록 무조건 작물에 좋은 것은 아니다.

햇빛의 양에 따른 엽록체의 변화를 살펴보자. 적절한 양의 햇빛이 있을 때 엽록체는 최대한 광합성을 하기 위해 표면적을 넓히는 모습을 보이지만 필요 이상의 과다한 햇빛에 노출될 경우 햇빛으로부터 스스로 보호하기 위해 노출 면적을 줄이는 것을 볼 수 있다. 이렇게 엽록체가 배열을 달리하는 기준점을 광포화점이라고 한다. 이 광포화점의 경우 작물마다 다르며, 광포화점을 초과하는 햇빛은 작물의 광합성에 도움이 되지 않는다.

작물별 광포화점과 최적 온도를 확인해보자. 먼저 여름철 대표 작물이라고 할 수 있는 수박의 경우 광포화점이 70~80klux(킬로룩스), 그리고 벼는 50~60klux(킬로룩스) 정도이다. 우리나라 여름철 맑은 날 보통 광도는 100~120klux(킬로룩스)로 작물의 생산에 필요한 양보다 초과량이 존재한다. 재배 온도도 중요한데 수박의 경우 여름작물임에도 불구하고, 최적 온도가 23~28°C 사이이며, 벼는 30~32°C 정도이다. 지금 현재 기준으로 벼를 심었다고 가정했을 때 쌀알이 열리는 벼의 비중이 한 92.2%이지만, RCP* 8.5 시나리오의 예측을 보면 우리가 온실가스 감축을 하지 않을 경우, 2050년에는 쌀알이 열리는 벼의 비중이 51%로 줄어들고, 현재는 상품성 있는 쌀알(정상립)이 약 73.1%지만 2050년대에는 정상립의 비중도 46.5%로 떨어지게 될 것이다. 온실가스 감축을 하지 않으면 2050년 쌀알이 열리는 벼는 확연히 줄어들고 그 중에서 정상립 비중 또한 절반도 채 미치지 못하며, 우리나라의 쌀 생산성이 떨어지게 될 것을 알 수 있다. 이렇게 작물이 자라는 과정에 있어서 기후변화는 계속해서 악영향을 미칠 수밖에 없다.

*RCP (Representative Concentration Pathways, 대표농도경로): 인간 활동이 대기에 미치는 복사량으로 온실가스 농도를 예측하는 시나리오

 ## 기후변화가 위협하는 식량안보, 해결책은 영농형 태양광

우리나라는 1970년대 10a(에이커)의 농지에서 370kg의 쌀을 생산했었다. 당시에 쌀이 부족하여 면식(麵食)을 장려했던 시기였으나, 2060년만 되어도 10a당 쌀생산량이 370kg 미만으로 떨어지게 될 것이다. 문제는 농지 면적도 계속해서 줄어들고 있어 전체 쌀 생산량으로 따지면 생산성은 1970년대보다 더 떨어져, 국가 전체 총 쌀 생산량은 훨씬 더 줄어들 수밖에 없다. 이런 상황에서 영농형 태양광 도입은 기후변화가 위협하는 식량안보 문제의 중요한 솔루션이 될 것으로 보인다.

우리가 2hectare(헥타르)의 농지에 농업과 태양광 설치를 각각 진행하여 1hectare(헥타르)에서는 밀 생산에 주력하고 나머지 1hectare(헥타르)에서는 발전만 주력하였다고 생각해보자. 그렇게 했을 때 밀 100%, 그리고 태양광 발전 100%를 결과물로 얻을 수 있을 것이다. 그렇다면 동시에 농사와 태양광 발전을 함께 진행하면 어떨지 알아보고자 한다. 1hectare(헥타르) 내에서 동시에 진행할 경우 각각 100%의 생산량 이하의 결과물을 얻을 것이다. 밀 생산량은 약 80%로 줄어들 수밖에 없고 태양광 발전량 역시 80%로 줄어들 것이다. 하지만 전체 2hectare(헥타르) 면적의 땅을 놓고 보면 실질적으로는 밀 생산이 160%, 태양광 발전도 160%로, 밀 생산과 태양광 설치를 각각 따로 했을 때보다 더 많은 생산성을 가지게 된다.

 ## 국내외 영농형 태양광 실증 사례

이러한 개념을 가지고 영농형 태양광의 국내외 실증사례를 알아보자.

(국내 사례)

국내 영농형 태양광 사례를 알아보기 위해 보성녹차밭을 방문했다. 태양광과 녹차밭의 조합이 꽤나 좋은 것으로 보였다. 영농형 태양광이 햇볕을 어느 정도 가려주어 기존보다 좋은 등급의 녹차 생산이 가능했으며 패널 밑에서 새순이 올라오는 속도도 대조군에 비해 훨씬 더 빠른 것을 확인할 수 있었다. 이런 태양광 설치가 차 생산량과 소득 증대에 도움이 됐다. 또 다른 농지인 배 농장도 찾아갔다. 배 농장의 경우 2018년, 기록적인 폭염 당시 광포화점을 넘어서 배가 타들어갈 정도의 상황에 맞닥뜨렸다. 이후 농장주는 어떻게든 강한 햇빛을 막아야겠다는 생각을 했고, 마침 영농형 태양광 시범 사업 진행 소식을 듣고 실증 사업에 참여했다. 실질적으로 영농형 태양광 설치 후 배 생산량과 농업 소득에 어떠한 피해도 없었으며, 오히려 도움을 받았다고 했다. 덧붙여 강한 햇빛이나 높은 온도로부터 작물을 보호해 주며 가을, 겨울 서리 피해에도 도움이 되었고 태풍 시 배가 덜 떨어지는 피해도 줄었다고 설명했다.

(해외 사례)

다음으로 해외사례를 알아보자. 먼저 프랑스의 한 살구 농장이 있다. 이 농장은 6~7m 정도의 태양광 패널을 설치해 선아그리 시스템을 도입한 농장이었다. 농장주는 이렇게 높은 태양광 패널을 설치한 이유를 발전 수익보다는 작물의 보호 목적이라고 설명했다. 프랑스에선 실제로 테니스공 크기의 정도로 큰 우박도 떨어지기도 한다. 패널 구조 사이사이 그물망을 설치해 이러한 우박, 서리와 같은 기상 현상 피해를 줄였다. 또한, 패널 아래 그늘이 형성되어 토양의 수분 증발량이 줄어들었다. 이로 인해 농업에 필요한 농업용수 사용량이 현저히 줄어들었다. 영농형 태양광을 설치하다 보면 중간중간 철골 구조물을 세울 수밖에 없는데 이 구조물을 활용하여 생산성을 높이는 노력도 있었다. 원래 살구나무는 높이 생장하기도 하지만 옆으로 부피 생장을 하는 경향이 더 크다. 이러한 철골 구조물 사이에 철사를 매달아서 나무를 연결함으로써 나무가 점점 위로 자라날 수 있도록 유도하여 같은 면적에서 더 많은 나무를 심을 수 있게 되었다.

이어서 프랑스의 체리농장도 방문했다. 체리 농장주는 선대에 이어 영농 후계자로서 농업에 뛰어든 경우였다. 이 농장도 역시 작물 보호를 위해 고민하던 중 전시회에서 영농형 태양광을 접했고 농장에 선아그리 시스템을 도입했다. 앞선 사례에서 본 내용과 같이 강한 햇볕으로 물이 많이 부족해지고, 무더위에 나무가 타들어가는 상황을 태양광 패널을 통해서 막을 수 있었고, 겨울철 서리 피해도 줄일 수 있었다. 기후변화로 직접적으로 농업 피해를 겪었으며 앞으로 가뭄과 폭염, 서리 등 피해가 더욱 빈번해질 것으로 예상되어 해결책으로 영농형 태양광을 선택했다고 말했다.

프랑스에서 영농형 태양광은 특히 완벽한 기후변화 적응 도구로써 활용이 되고 있었다. 이 패널을 보면 현재 거의 90도에 가깝게 설치된 모습을 볼 수 있다. 우리나라의 경우 태양광을 설치할 때 대부분 남향으로 설치를 하는 경우가 많다. 패널이 능동적으로 움직일 수 없다 보니 효율적으로 운영하고자 하는 측면에서 이렇게 설치한다. 프랑스의 선아그리 시스템의 경우 동향 또는 동서향으로 설치한다. 선아그리 솔루션의 영농형 태양광은 능동적으로 움직인다. 햇빛과 시간대에 따라 패널이 움직이다 보니 매시간 가장 최적의 각도로 패널이 움직인다.

선아그리 솔루션은 가변형 태양광 모듈을 통해 사전에 입력된 값에 따라
패널의 각도가 달라진다.

이러한 선아그리 솔루션이 적용된 농장은 가변형 태양광 모듈이 설치되어 시간대에 따라서 각도가 달라지는 모습을 확인할 수 있다. 또한, 기온·습도·풍속은 물론, 잎의 온도를 직접 측정하고 토지 깊이를 달리하여 깊이별 수분함량을 측정하는 등의 다양한 센서가 장착되어 있다. 이러한 시스템을 도입하여 농장주에게 작물을 언제 재배하고 수확하고 싶은지와 수확 시 원하는 성숙 정도 등을 묻고 수치화하여 알고리즘에 넣으면 패널이 자동적으로 각도를 조절하여 원하는 재배와 수확이 가능하다. 우리나라의 경우 영농형 태양광이 농장 주인이 농사도 직접 짓고, 발전도 직접하는 구조라면 프랑스 선아그리 시스템이 도입된 농장의 경우 농장주는 농사만 하고 선아그리 발전 사업자가 직접 설비 설치와 운영을 해주며 발전 수익을 가져가는 형태이다. 영농형 태양광은 작물들을 보호해 주는 역할이 크며, 추가적인 도움도 얻을 수 있으므로 농장주로서는 발전 수익을 가져가지 않더라도 영농형 태양광을 설치하는 것이 훨씬 유리한 상황이다.

관련하여 선아그리 사업담당자와도 인터뷰를 진행했다. 담당자는 영농형 태양광을 기후변화의 영향으로부터 작물 보호를 위한 기후변화 적응 도구라고 설명했다. 녹색 전력 생산은 부차적인 일이라며 강조했다. 이 표현을 발전 사업자가 했다는 것이 참 의미가 있다고 생각된다. 대부분의 사람들은 영농형 태양광이라는 단어를 접했을 때 일종의 온실가스 감축 수단으로써 이 시설을 바라보는 것 같다. 즉, 태양광 발전 설비라는 점에 포커스를 맞추어 전력의 배출 계수를 낮출 수 있는 에너지 전환 수단으로써 여긴다면, 실질적으로 국내외 사례를 통해 농민은 영농형 태양광 설비를 감축 수단이라기 보다 기후변화의 적응 수단으로써 바라보고 있는 것을 알 수 있다.

농업환경의 변화: 점차 줄어드는 농지와 점차 나이드는 농민

영농형 태양광은 기후변화 피해를 막는 도구뿐만 아니라 농업 종사자의 노동 환경의 개선 측면에서도 도움이 되고 있다. 농부의 보호 차원에서도 영농형 태양광이 최선의 해결책이라고 한다. 근로 환경의 개선 효과도 있지만 당장 농부가 농업을 처음 시작할 때 심리적으로 갖는 스트레스 수치를 낮추는 효과도 있다. 프랑스의 30대 초반의 농업 후계자를 만나 이야기를 들어보았다. 아버지가 하던 농업을 물려받을지 물려받지 않을지에 굉장히 많은 고민을 했다. 프랑스도 마찬가지로 우리나라처럼 농촌 고령화 문제가 심각하며 절반 이상의 농장이 후계자가 없는 상태라고 이야기를 했다. 이렇게 후계자가 줄어드는 상황에서 기후변화로 인한 경제적 타격의 위험이 있는 농업을 이어가는 것에 대한 심리적 불안이 형성되어 있었다. 영농형 태양광은 이런 불안감을 낮춰주는 데도 좋은 영향을 주고 있다.

관련하여 보다 자세히 알고자 프랑스의 국립 농업식품환경연구원을 찾아갔다. 여기서 처음 영농형 태양광 아그리볼타이크에 대한 연구가 진행이 됐다. 이곳에서 아그리컬쳐(Agriculture)와 포토볼타이크의 합성어인 아그리볼타이크라는 표현이 만들어졌다. 초창기 모델은 기둥이 목재로 되어있으며, 패널의 각도를 바꿀 수 없고 패널의 방향이 서로 90도 방향으로 다른 것을 알 수 있다. 앞의 철 구조물은 패널의 각도를 조절할 수 있는 타입이고 나무 위에 설치된 초창기 설비는 각도 조절을 할 수 없는 설비다.

여기서 담당 연구원과 인터뷰를 진행했다. 유럽에서는 거의 금세기 초반인 2000년대부터 농업 수확량이 늘어나지 않고 제자리걸음을 하고 있다고 했다. 계속해서 품종 개량도 하고 영농법도 발전했지만, 수확량이 늘지 않는 이유는 기후변화 때문이었다. 계속하여 건조해지고, 가뭄이 심각해지며 더 일찍 찾아오는 더위 등 기후변화가 발생하며 우리나라처럼 봄철에 가뭄이 극심해지고 실질적으로 농업 생산량에도 큰 영향을 미치게 된 것이다. 이런 와중에 지난해 3월, 프랑스에서 영농형 태양광 관련 법안이 통과했다. 영농형 태양광 설비는 농업 생산을 돕는 역할을 해야 하며, 농업의 보조 설비이고 보조 도구라는 내용이 법안에 담겨 있다. 우선순위 자체가 전력 생산이 아닌 농업인의 기후변화 적응에 도움을 주는 수단이라고 정의가 되어있다. 또한, 법적으로 영농형 태양광을 설치했을 때 수확량이 이전과 같이 보존되어야 한다는 것을 규정해 놓았다. 발전 사업자와 농업인의 영농형 태양광 설비에 대한 거부감 또는 농사가 아닌 발전에만 치중하는 것에 대한 걱정들을 잠재울 수 있는 장치를 마련한 것으로 볼 수 있다.

현재 운영되는 프랑스 농업 학교에서는 학생들과 함께 영농형 태양광을 직접 경험해 보고 설치해보는 커리큘럼을 마련했다. 앞서 언급한 영농 후계자 문제와 관련하여 프랑스 농민의 절반이 후계자 없이 은퇴할 것으로 예상되는 가운데 영농형 태양광을 통해 기후변화 피해를 최소화하며 지속적으로 작물 생산을 하고 안정적인 수익을 보장받을 수 있는 환경이 마련되어 영농 후계자가 증가하기를 기대한다고 했다.

우리나라도 마찬가지의 상황이다. 최근 10년간 경지 면적의 추이를 보면 면적이 계속해서 줄어들고 있으며, 농가 인구도 줄어들고 있다. 가장 심각한 문제는 고령화이다. 55세 이상 농민의 비율이 2013년만 해도 59%였으나 2022년에 74%를 넘어 거의 75%에 육박할 정도로 됐다. 젊은 농부의 유입이 없거나 계속해서 젊은 청년층이 농촌에서 이탈한다면 우리나라의 농업과 식량안보 자체가 위협을 받는 상황이 될 수도 있다.

일본의 사례도 살펴보자. 일본의 경우 한국·프랑스와는 조금 다른 상황이었다. 일본의 치바현은 가장 먼저 영농형 태양광 도입을 시작한 지역이다. 일본의 경우 프랑스와 달리 농민이 주도적으로 발전 설비를 가동하는 주체가 된다. 그래서 농민들이 협동조합을 만들어서 발전 설비를 운영하고 수익을 가져가는 형태를 보인다. 치바현도 마찬가지로 농촌 고령화는 심각한 문제이며, 주인이 따로 돌보지 않은 농지가 굉장히 많아지고 있다. 파타고니아는 영농형 태양광을 운영하는 협동조합으로, 이런 주인 없는 농지에 태양광 발전 설비를 설치해 주고 농사를 지을 수 있도록 했다. 우리나라도 농가 소득이 굉장히 심각한 문제로, 태양광 발전 설비를 위한 자금까지 확보하는 것은 현실적으로 불가능하다. 일본 사례를 통하여 ESG 활동의 일환으로 기업이 농지에 영농형 태양광을 설치해 주는 것도 좋은 방안이 될 것으로 생각해본다.

글로벌 태양광 발전 잠재량 – 생각보다 나쁘지 않은 한국의 태양광 입지

우리나라의 경우 하루 평균 일사량 3.99kW(킬로와트) 정도이다. ㎡(제곱미터)당 독일이나 영국과 비교하여 좋은 수치를 기록한다. 일본과 프랑스와 비교했을 때에도 우리나라의 평균 일사량이 더욱 높다. 태양광을 설치하기 위해 좋은 환경적 조건을 갖추고 있다. 1990년부터 2023년까지 전 지구의 세계 평균 일사량이 ㎡(제곱미터)당 206W(와트)였고, 글로벌 평균 태양광 발전 비중이 어느덧 5.53%까지 되었다.

일본의 경우 전체 태양광 발전을 놓고 봤을 때 작년 한 해 동안 110.14TWh(테라와트시) 만큼 발전을 했다. 전체 발전 비중에서 10.87%를 태양광이 차지를 하는데 평균 일사량을 보면 우리나라보다 오히려 상황이 좋지 않다. 그럼에도 불구하고, 이렇게 많은 양의 발전을 하고 있었고, 독일의 경우 그보다 훨씬 더 적은 일사량에도 불구하고, 발전 비중에서 태양광이 차지하는 비중 22.2%에 달했다. 칠레의 경우는 자국 내 태양광 자원이 이렇게 좋은데 이러한 자원을 식품에 활용해서 전체 발전 비중에서 무려 20% 가까이 태양광 발전을 진행하고 있다.

한국환경연구원(KEI)의 연구자료를 보면 우리나라 농지의 30%에 영농형 태양광을 설치할 경우 200GW(기가와트) 규모의 발전 설비를 확보할 수 있으며, 농지의 44%에 설치할 경우 300GW(기가와트)를 확보할 수 있다. 우리나라 전체 농지 면적의 10%에만 설치를 해도 우리가 지금 현재 목표하고 있는 신재생에너지 수치를 2036년에 충분히 달성할 수 있다.

우리나라의 영농형 태양광 기술의 경우 여러 제도 개선이 필요하며, 많은 과제들이 남아있다. 최근 탄소중립녹생성장위원회에서 영농형 태양광 도입에 대한 강력한 의지를 나타냈으나 예정·검토·계획 등의 표현이 많이 등장한다. 지금까지 중요한 것을 몰라서 도입하지 못한 것은 아니다. 1990년만 보아도 배출규제 국제협약이 구체화되어 이미 전망됐었고 에너지 관련 환경 기술 개발이 시급하다는 이야기가 나왔다. 또한 미국과 유럽이 탄소세를 도입하며 한국이 타격을 입는다는 말도 이미 1994년부터 나왔던 논점이다. 결국 우리나라의 생존을, 성장을, 그리고 성과를 위해서 이러한 관점들을 바꾸지 않는다면 쉽지 않을 것이다. 이제라도 미래에 대비하여 관점을 바꾸어 실질적인 행동이 이루어져야 할 것이다.

저자 명단

황용우 인하대학교 교수

황용우 교수는 인하대학교 환경공학과 교수로서 순환경제융합연구센터와 인천생태산업개발센터를 이끌며, 탄소중립과 순환경제 시대를 선도하는 연구자로 활동하고 있다. 주요 연구 분야는 전과정평가(LCA)와 물질흐름분석(MFA)으로, 산업 활동이 환경에 미치는 영향을 체계적으로 분석하고, 탄소중립 달성을 위한 전과정 중심의 관리 전략과 체계를 연구하고 있다. 국토교통부, 산업통상자원부, 환경부, 국방부 등의 관련 위원회에서 활동한 바 있으며, 한국전과정평가학회 회장을 역임하였다. 현재 산업통상자원부 재정사업 평가위원, 국토부 온실가스 목표설정 협의체 위원, SDX재단 탄소감축위원회 공동대표로 활동하고 있으며, 한국환경경영학회 회장을 맡고 있다.

김여원 고려대학교 에너지환경대학원 및 융합에너지공학과 조교수

김여원 교수는 기후변화 대응과 도시 복잡계를 연구하며, 사회기반시설의 회복탄력성을 증대하고 지속가능한 도시를 설계하기 위한 적응적 관점에서의 교육과 연구를 진행하고 있다. 인프라 기후 취약성 평가, 도시 침수 저감을 위한 자연기반해법, 탄소중립 물-에너지 인프라 설계, Safe-to-fail 인프라 개발, 그리고 참여적 의사결정 모델 고도화에 주력하고 있다. 캐나다 칼튼대학교 토목환경공학과 조교수를 역임하였으며, 현재 한국환경경영학회 및 한국습지학회에서 이사를 맡고 있고, 한국물환경학회 위원으로 활동하고 있다.

김종훈 국립부경대학교 교수

김종훈 교수는 서울대학교 농생명공학 전공 박사학위를 취득하고, 바이오스타트업(코스믹그린) CTO 및 한국생명공학연구원 마이크로바이옴융합연구센터 재직 경력을 바탕으로 현재 국립부경대학교 생물공학과에서 교육 및 연구를 이어가고 있다. 생물다양성 유래 마이크로바이옴 기반 바이오소재 및 환경 개선 기술 개발에 중점을 두고 있으며, 주요 연구 내용으로는 폐수처리, 플라스틱 생물학적 분해, 친환경 생물방제제, 폐기물 처리 및 활용을 위한 소재 개발 등이 있다. 산업 활성화를 위한 실용화 연구와 산학연 클러스터 생태계 구축을 위해 국내외 기관 및 학교와의 네트워크 구축에 지속적인 노력을 기울이고 있다.

김준범 프랑스 트루아공대 교수

　김준범 교수는 미국 애리조나주립대학 토목환경 및 지속가능공학 박사 학위를 마치고 미네소타대학과 캘리포니아 산타바바라 대학에서 연구원으로 근무한 후 프랑스 트루아공대 환경정보기술학과에 임용되어 현재 12년째 지속가능공학, 산업생태학, 전과정평가 및 탄소감축평가, 폐기물 및 물질흐름분석 등에 대한 강의와 프랑스 및 유럽 연구프로젝트들을 진행하고 있다. 현재 김 교수는 세계 최대 국제공동연구 프로그램인 유레카 및 유로스타3의 평가위원(IEP)으로 활동하고 있으며, 유럽환경에너지협회장, 한국환경경영학회 부회장, SDX탄소감축인증센터장직을 역임하고 있다.

김철후 한국기계연구원 책임연구원

　김철후 박사는 국가과학기술연구회 미래전략부 연구원, 한국기계연구원 전략연구실 선임연구원을 역임하였으며, 기계산업 분야 탄소감축을 위한 연구정책/전략 개발 및 이해관계자 간 융합과 협력연구 촉진에 대해 연구하고 있다.

김현성 킴벤처러스 대표

　김현성 킴벤처러스 대표는 글로벌 협력을 중심으로 국내 스타트업 투자 및 해외 진출을 지원하고 있다. 기후변화 문제에 대해 깊은 관심을 가지고 있으며, 현재 중소기업부 승인 액셀러레이터인 킴벤처러스의 대표로 기후변화 및 녹색성장 분야의 다양한 스타트업을 적극 지원하고 있다.

박상욱 JTBC 기자

　박상욱 기자는 기후변화와 탄소중립, 에너지전환 심층 기사 [박상욱의 기후 1.5]를 2019년부터 연재 중이다. 데이터에 기반한 연구와 분석을 통해 인사이트를 제공함으로써 기후변화 대응의 공중 및 정책 어젠다 세팅을 꾀하고 있다. 그 공로로 한국기후변화학회 및 한국수자원학회 언론인상, 국회 대한민국 녹색기후상 대상, 한국과학기자협회 대한민국 과학기자상 등을 수상했다. 환경부·교육부가 공동 발간한 기후변화 중등교재 〈기후변화는 느리게, 우리의 대응은 빠르게〉의 집필진으로 참여했고, 〈잠깐! 이게 다 인권 문제라고요?〉(공저), 〈탄소중립은 가능한가〉(공저), 〈기후 1.5℃ 미룰 수 없는 오늘〉, 〈기후 블랙홀〉 등의 책을 썼다.

박주영 서울대학교 건설환경공학부 부교수

박주영 교수는 건물, 플라스틱, 목재 등의 생산-소비-폐기 전반에서 자원을 효율적으로 사용하고자 하는 순환경제를 위한 교육과 연구를 하고 있다. 로스안데스 경영대학 조교수, 고려대학교 에너지환경대학원 조교수 및 부교수를 역임하였으며, 환경부 중앙환경정책위원회 위원, 산림청 정책자문위원, 한국차세대과학기술 한림원 정책학부 회원, 한국공학한림원 건설환경공학분과 일반회원으로 활동하고 있다. 한국폐기물자원순환학회, 한국전과정평가학회, 한국환경경영학회에서 이사를 맡고 있다.

박지영 뉴욕주립 버팔로대학교 교수

박지영 교수는 자연 재난 및 인적 재난과 관련한 정량적 평가를 최적화하는 응용계량경제모형과 경제모형의 개발, 이를 도시계획분야의 토지와 교통모형으로 확장하는 연구를 통해 각종 사회적 문제에 대한 국가 및 전지구적 차원의 대응전략을 모색하는 연구에 매진해 왔다. 최근 연구에서는 4차 산업혁명에 따른 과학기술 분야의 발전에 따라 미래 경제구조 변화를 추정하고 기후변화에 따른 각종 사회적 이슈들을 정량화하는 통합적 모형개발을 이끌고 있다.

박철호 한국에너지기술연구원 책임연구원

박철호 박사는 한국에너지기술연구원 책임연구원, UST(University of science and technology)에 교수로 재임하고 있으며, 한국막학회, 한국고분자학회, 한국공업화학회 등 다양한 학회활동을 하고 있다. 현재 탄소중립에 필요한 다양한 핵심기술들을 개발하고 있으며, 이와 연계되어 청록수소 총괄과제 책임자로 수행하고 있다. 논문은 60편이상, 특허 등록은 50편이상 다양한 과학적인 방면에 기술적 성과를 보이고 있다.

배문식 ㈜카본에스 대표이사

배문식 ㈜카본에스 대표이사는 통신 수요 예측 및 네트워크 설계 등의 연구를 시작으로 ETRI에서 35년 이상 근무하면서 연구기획 및 기술사업화 업무를 주로 담당하였으며, ICT 분야 기술개발 결과물의 융복합 사업화를 비롯한 R&D 생산성 증진에 기여한 바 있다. 2000년대 초에는 중국에서 북경연구센터장 직무를 수행하면서 한중 공동

연구개발, 양국간 기술교류 활성화 및 글로벌 기술사업화 등의 경험을 쌓기도 하였다. 또한 NST(국가과학기술연구회)에서 공모직으로 정책지원본부장을 역임한 바 있으며, KRX 코스닥 상장위원 및 국가균형발전위원회 대전시 위원장 직을 맡기도 하였다. ETRI에서는 2019년 사업화부문장 직을 마지막으로 퇴임한 후 2021년에 ㈜카본에스를 창업하여 현재는 탄소중립 실현을 위한 ICT 기반의 솔루션 개발 및 응용에 역점을 두고 있다.

서경원 주식회사 코다(CODA) 대표이사

　서경원 대표는 특허법인 화우를 비롯한 로펌에서 삼성그룹, 포스코, 하이닉스 등 대기업 중심의 특허(IP) 창출과 제품화에 기반한 IP 활용 전략 수립의 주요 업무를 담당하였다. 현재는 출연(연), 대학의 공공기술을 사업화하는 영역에서, R&D 기획과 전략수립, IP 활용 기술마케팅과 기술가치평가를 수행하고 기술창업과 투자를 연계하여 기술사업화 전주기를 연구하는 전문가 그룹인 CODA를 설립 운영하고 있다.

손민수 한국건설기술연구원 연구위원

　손민수 박사는 공간 집중에 대한 경제 및 불경제효과, 지속가능한 정책 및 계획의 가치평가에 대한 연구를 하고 있다. 뉴욕주립대 박사후연구원, 서울대학교 농경제사회학부 지역정보전공 BK조교소, 한국건설기술연구원 수석연구원 및 연구위원을 역임하였으며, 대통령직속 지역발전위원회 평가자문위원, 대한국토·도시계획학회 정회원 활동을 하였다. 현재 한국지역학회 상임이사, 한국환경경영학회 기획이사를 맡고 있다.

송재령 국가녹색기술연구소 선임연구원

　송재령 박사는 국가과학기술연구회 국제협력팀장, 대통령직속 국가기후환경회의 전문위원을 역임하였으며, 기후변화, 과학기술, 국제협력을 주제로 기후기술 공공외교에서의 이해관계자 간 융합과 협력을 촉진하는 연구자다. 지난 15년 간 기후, 환경, 에너지 기술의 공공 이전과 상용화를 위한 전략 개발과 정책 연구에 매진하고 있다. 현재 기상청 정책위원회, 서울시 녹색서울시민위원회, 순천시 탄소중립녹색성장위원회 등에서 자문 위원을, 그리고 아시아기술혁신학회 및 한국환경경영학회에서 이사를 맡고 있다.

여준호 국가녹색기술연구소 연구원

여준호 박사는 에너지 환경 분야에서 지난 7년간 기후기술 적용에 대한 시나리오 분석을 기반으로 연구를 수행해 온 연구자이다. 탄소중립 목표 달성을 위한 기후기술의 경제성 및 환경성 분석과 이를 바탕으로 한 기후기술의 적용 및 확산 방안 수립에 전문성을 보유하고 있으며, 현재 국가녹색기술연구소에서 기후기술 활성화를 위한 법·제도적 개선 방안에 관한 정책 연구를 수행하고 있다.

윤성 엔벨롭스 대표

윤성 대표는 신재생에너지 사업 개발 전문가로, 기후변화 취약 지역의 지속가능한 발전을 목표로 활동하고 있다. 버지니아 공대에서 환경공학을 전공하고, 뉴욕주립대에서 기술경영 석사를 취득한 후 국가녹색기술연구소와 한국과학기술기획평가원에서 경력을 쌓았다. 현재 스마트 영농형 태양광(Smart Agrivoltaics) 기술을 중심으로 농업과 에너지를 융합한 지속 가능한 솔루션을 보급하고 있으며, 국내 최초로 녹색기후기금(GCF) 승인을 받은 피지 4MWp 영농형 태양광 사업을 성공적으로 이끌었다. 신남방 국가와 남태평양 지역에서 다양한 글로벌 그린 뉴딜 프로젝트를 추진하며, 기후변화 대응과 농촌 에너지 자립에 기여하고 있다.

윤여정 세계식량계획(WFP) 담당관

윤여정 담당관은 기후변화 대응과 국제협력 분야에서 전문성을 쌓아 가고 있다. 세계식량계획(WFP)에서 농업과 기후대응, 회복탄력성 프로젝트를 기획하고 운영하며, 기후변화청년단체 빅웨이브에서 자신의 관심사에 맞는 프로젝트를 만들 수 있도록 돕고 사람들을 연결하고 있다. 요즘의 관심사는 생물다양성과 공급망이며 일에서 배우고 느낀 것을 나누고자 한다.

이동규 주라트비아 대사

이동규 주라트비아대사는 외교부에서 특히 환경분야 업무를 수행해 왔다. 이 대사는 기후변화환경과 팀장을 거쳐 주유엔대표부 참사관으로 근무하면서 지속가능발전 및 기후변화 등 환경 업무를 담당하였다. 2018년 기후환경과학외교국 심의관으로 부임하여 2019.4월까지 기후변화 협상 등 환경 및 에너지·과학 분야에서 활발히 활동하였다. 2019년부터 국가기후환경회의 국제협력과학국장으로서 월경성 대기오염, 특히 PM2.5를 포함한 미세먼지 대응을 위한 국가적 절차에 적극적으로 관여하였다. 2021.3월 외교부 기후환경과학외교국장으로 임명되어 기후변화, 생물다양성협약 등 다자 환경협약과 P4G 정상회의 등 기후변화 관련 정상외교, 에너지, 과학관련 외교업무를 담당하였다. 2023년부터 주라트비아대사로 양국 협력 증진을 위해 노력하고 있다.

이소라 한국환경연구원 자원순환연구실장

이소라 박사는 25년간 순환경제와 자원순환 분야에서 주요 정책 연구를 이끌며, 지속가능한 자원 관리와 국제 협력에 대한 순환경제 연구에 힘써왔다. 현재 대통령 직속 국가과학기술자문회의 에너지환경 전문위원, 환경부 중앙환경정책위원회 위원을 역임하고 있으며, UN 플라스틱 국제협약 정부 자문단으로 활동하였다. 또한, 한국폐기물자원순환학회 특임이사(부회장), 대한민국 친환경패키징 포럼 부회장, 한국바젤포럼 이사를 맡고 있다.

이예인 알더블유이리뉴어블즈코리아 변호사

이예인 변호사는 서울대학교 법학전문대학원을 졸업한 후 법률사무소 엘프스에서 대기, 수질, 폐기물, 기후변화, 화학물질 등 다양한 환경 분야의 법률 업무를 수행하였으며, 현재 알더블유이리뉴어블즈코리아에서 근무하면서 최근 국내에서 탄소중립 에너지원으로 적극 촉진되고 있는 해상풍력발전 분야의 다양한 법률 실무를 경험하고 있다. 환경 · 에너지 분야 외 입법 · 정책 및 비교법에 관심을 가지고 개별 행정 영역에 적용되는 법원칙에 대하여 공부하고 있으며, 현재 한국환경경영학회에서 이사를, 한국환경법학회에서 집행간사를 맡고 있다.

장하리 고려대학교 세종창업지원센터 책임

장하리 책임은 2015년 스타트업 창업 경험을 시작으로 창업기업 사업화 지원에 주력해왔으며, 글로벌 액셀러레이터에 근무하며 기술창업 스타트업을 다수 육성했다. 현재는 고려대학교 세종창업지원센터에서 탄소배출권 · 스마트팜 · CCUS · 폐기물 자원화 등 기후문제 해결을 다루는 기후테크 스타트업을 포함해 유망 기술창업 스타트업을 발굴 · 육성하고 있다.

조영재 인프라프론티어자산운용 이사

조영재 이사는 인프라프론티어자산운용 대체투자본부 이사로서 환경부 미래환경펀드(775억원)의 펀드매니저 업무를 수행하고 있다. 美버지니아공대에서 학부(생화학)졸업 후, 해군참모총장 지휘통제실 연락장교(해병 대위전역)로 병역을 마치고, 민간기업에서 개발도상국 신재생에너지 분야의 개발, 시행, 건설, Project Financing, 업무를 수행하였다. GCF사업 및 CTCN사업 등 다수의 국제기구 사업을 진행하였으며, 현재는 국내외 자원순환, 재생에너지, 탄소배출권 사업의 투자 및 구조화 업무를 주력으로 수행 중에 있다.

주신영 법무법인 엘프스 변호사

주신영 변호사는 서울대학교 자유전공학부에서 기후변화 등 국제환경문제에 관심을 갖고 국제환경학이라는 전공을 설계해 이수하였다. 이후 서울대학교 법학전문대학원을 졸업하고 환경 분야 전문 로펌인 법무법인 엘프스(ELPS)에서 변호사로 재직하며 대기, 수질, 폐기물, 토양, 소음, 화학물질, 기후변화, 신재생에너지 등 다양한 환경 및 에너지 관련 사건을 담당하고 있다. 대한변호사협회 환경 분야 전문 변호사로 등록되어 있으며, 2018년부터 한국환경법학회의 이사를 맡고 있다.

최규선 아주대학교 교수

최규선 교수는 글로벌 기후테크, 기술 사업화를 포함하는 주제로 스타트업과 지역, 기업혁신을 위한 전략과 정책 연구에 주력하고 있다. ICT 국가기관에서부터 과학기술출연연, 투자사 등 산학연 전반에서 연구자이자 전문가로 활동했고, 현재는 아주대학교 창의산학교육원에서 산학협력 부교수로 딥테크 스타트업, 기술사업화 분야의 신사업 기획, 연구를 담당하고 있다.

기후테크 코리아: 대한민국 혁신을 이끄는 솔루션

초판발행	2024년 12월 15일
발간	한국환경경영학회
지은이	황용우·김여원·김종훈·김준범·김철후·김현성·박상욱·박주영·박지영·박철호· 배문식·서경원·손민수·송재령·여준호·윤성·윤여정·이동규·이소라·이예인· 장하리·조영재·주신영·최규선
펴낸이	안종만·안상준
편 집	배근하
기획/마케팅	장규식
표지디자인	BEN STORY
제 작	고철민·김원표
펴낸곳	㈜ **박영사** 서울특별시 금천구 가산디지털2로 53, 210호(가산동, 한라시그마밸리) 등록 1959.3.11. 제300-1959-1호(倫)
전 화	02)733-6771
f a x	02)736-4818
e-mail	pys@pybook.co.kr
homepage	www.pybook.co.kr
ISBN	979-11-303-2198-1 93320

정 가	20,000원